KB238053

알코올중독

알코올중독

감 수 윤명숙 | 남궁기
지은이 천덕희 | 김은경 | 서현희 | 김성현

사회복지 전망총판 나눔의집

서문

　최근 사회경제 수준이 향상되고 알코올과 약물에 대한 사회의 인식이 바뀌고 관심이 증가하면서 알코올중독 환자의 유병률이 높아지는 추세이다. 알코올중독 환자가 많아지고, 술과 관련한 문제점들이 점차 확산되고 있다. 그러나 여전히 알코올중독 환자를 임상장면에서 대하는 의료사회복지사는 효과적으로 개입할 수 있는 기본적인 지침서조차 거의 없어 보다 전문적이고 체계적인 개입이 어려운 실정이다.

　특히 알코올중독은 치료 자체가 정신과 영역이지만 대학병원의 경우 정신과 병상수가 적고 알코올중독으로 진단받은 환자는 소수에 불과하다. 내과에서 의뢰 받더라도 입원기간이 비교적 짧아 의료사회복지사가 사회사업적 개입을 하는데에는 한계가 있다. 더욱이 알코올중독 질환은 정신과 전문병원이 아니고는 개입할 수 없는 질환이라고 여겨져 간과하기 쉬운 영역이다. 그러나 알코올중독 질병 자체의 특성은 개인과 그 환경을 다루는 사회사업 개입이 효과적이다. 때문에 사례가 적은 대학병원이든 사례수가 많은 정신과 전문병원이든 알코올중독 환자의 치료에서 의료사회복지사의 개입은 반드시 필요하다. 그래서 알코올중독 환자 개입을 위해 환자와 가족을 만날 준비하는 의료사회복지사에게 작은 길잡이가 되고자 먼저 이 분야에서 일을 시작한 사회복지사의 경험을 모아 이 책을 준비하였다.

저자 모두 임상에서 바쁜 업무중에 원고를 쓰는 일이 결코 쉽지는 않았지만 그 동안 임상경험을 정리할 수 있는 좋은 기회가 되었다. 하지만 부족한 부분이 많아 바로 실무에 활용하려는 의료사회복지사에게 과연 도움이 될지 걱정스럽고 부끄러운 마음 가득하다. 알코올중독 환자를 접하는 후배 의료사회복지사들이 임상에서 겪을 수 있는 어색함과 부족한 부분을 조금이나마 수월하게 익히는 기본 지침이 되었으면 하는 간절한 바람이다.

이 책을 만드는 데 많은 분들이 도움을 주셨다. 의료사회복지사협회에서 부족한 사람을 알코올중독 질환 임상사회복지사라고 인정하고 글을 준비하도록 권유해 주심에 감사드린다. 정신의학 영역에서 처음 일하면서 사회사업에 대한 인식과 더불어 끊임없는 관심과 배려로 정신과 환자를 도울 수 있는 시야를 넓혀 주시고, 특별히 알코올중독에 대한 전문성을 익힐 수 있도록 가르쳐 주시고 부족한 이 책의 감수까지도 기꺼이 맡아주신 연세대학교 의과대학 정신과 남궁기 교수님께 진심으로 감사드린다. 더불어 알코올중독 환자에 대한 사회사업적 개입에 남다른 노력으로 알코올중독 전문 임상사회복지사로서 정체성을 갖도록 길잡이 역할을 해주시고 후배양성의 깊은 뜻으로 이 책의 감수를 쾌히 맡아주신 전북대 사회복지학과 윤명숙 교수님께 깊은 감사드린다. 또 이 책의 집필로 함께 고민하고 서로 셋팅을 이해하면서 도움을 주고받았던 우리 팀원 김은경, 서현희, 김성현 선생님들에게 감사드리고 마지막으로 의료사회사업의 소중한 현장 경험들을 전달할 기회를 허락하신 나눔의집 출판사에 깊은 감사를 드린다.

2002. 2.

천덕희

목차

CONTENTS

I. 알코올중독에 대한 이해

1. 알코올중독이란 무엇인가

알코올중독은 치료가 가능한 질병이다. 그러나 완치가 되는 질병은 아니다. 알코올중독에 있어서 완치란, 적당히 술을 조절해서 마시면서 생활한다는 것인데 현재까지 그러한 치료는 없다. 다만, 술을 마시지 않고 생활하면서 술로 인하여 변화된 생각과 태도를 바꾸려는 노력을 유지한다면 신체적, 정신적, 심리사회적 기능들이 정상적으로 회복되는 '좋은 질병'(회복되어 가는 알코올중독자들에 의하면)이다.

현장에서 술문제로 병원을 찾는 대부분의 환자들은 "알코올중독자란 매일 술을 마시는 사람이고 술주정뱅이라던가 도덕적으로 타락한 사람, 길거리에서 술마시며 행패를 부리는 사람, 부랑자나 집 없이 떠돌아다니는 노숙자 등이다"라고 여기면서 환자 본인은 "의지력이 약간 부족해서 그렇지 언제든지 내가 마음만 먹으면 술은 끊을 수 있고 조절해서 마실 수 있다"고 당당하게 자신의 술문제를 부정한다. 이처럼 알코올중독의 주된 증상인 부정(denial)은 알코올중독 환자 스스로 알코올중독에 대한 선입관이나 편견 즉, 잘못된 인지구조를 만들어 중독자와 가족들이 전문적인 치료를 거부하도록 혼란에 빠지게 하여 치료를 막게 만든다. 하지만 알코올중독은 환자와 더불어 가족의 지속적인 관리와 협조가 필요한 당뇨병이나 고혈압과 같은 하나의 질병이며, 성별, 학력, 경제적 수준과 관계없이 남녀노소를 막론하고 술을 흔하게 접하는 사람이라면 누구나 걸릴 수 있는 질병이다.

의료사회복지사가 알코올중독 환자에 대한 개입을 처음 시작할 때 음주량과 종류, 기간으로 중독의 심각성을 평가하는 실수를 저지르곤 한다. 하루에 소주를 대여섯 병씩 마시는 사람보다 소주를 한두 병씩 마시는 사람의 술 문제가 덜 심각하다고는 결코 말할 수 없다. 알코올중독 환자를 대하는 의료사회복지사는 술로 인해 신체적, 정신적, 심리사회적 그리고 행동적 기능이 어느 정도 손상되고 심각해져 있는가에 대한 평가를 우선시해야 한다.

보다 전문적으로 알코올중독에 대한 개념을 정리해 보면, 알코올중독은 적절한 상황에서 절제할 수 있는 조절능력을 상실한 채 습관적으로 음주를 반복하여 일상생활이나 신체, 직업, 가족, 사회적인 기능 장애를 초래하는 만성적인 질병으로 내성과 금단증상을 동반한 진행성 질병이라 할 수 있다.

2. 알코올중독에 걸릴 확률은

통계청의 전국 인구 센서스 조사에 의하면 20세 이상의 전체 인구 중 음주인구의 비율은 1992년도에는 57.9%로서 남성의 84.7%, 여성의 33%가 음주를 하는 것으로 나타났으며, 1995년도의 조사에서는 20세 이상 전체 인구의 63.1%가 음주인구로 남성의 83.3%, 여성의 44.6%가 음주 인구로서 우리나라 인구의 많은 수가 음주를 하고 있다(보건복지부, 1997).

그렇다면 우리나라 인구가 평생에 걸쳐서 알코올중독에 한 번 이상 걸릴 확률이 얼마나 되는지 이정균(1988)의 발표를 중심으로 살펴보면, 알코올중독 평생유병률은 다음과 같다. 조사 대상자는 18세에서 65세까지의 도시와 농촌의 성인이었으며 전국적으로 알코올남용은 12%였고, 알코올의존은 10%로 나타났다. 전체 알코올사용장애의 평생유병률은 22%로 매우 높게 나타났고, 성인인구 5명 중 1명이 알코올중독을 경험할 수 있다는 것을 알 수 있다. 성별로 나누어 보았을 때 성인남자의 알코올중독 평생유병률은 약 45%에 이르렀고 성인여자의 경우는 2.5%로 성인남자는 2명 중에 1명은 알코올중독에 걸릴 수 있으며, 우리나라 남자가 알코올중독에 걸릴 확률은 여자의 20배로 여자에 비해 매우 높은 발생률을 보인다.

3. 알코올중독에 왜 걸리나

대부분의 사람들은 알코올중독이 여러 가지 원인에 의한 질병이라는 것 자체를 모르고 있다. 예를 들어, 내과적인 질환으로 병원을 찾게 되면 원인을 궁금해하고 어떻게 치료해야 하는지를 물어보지만, 술로 인해 병원을 찾는 알코올중독자와 가족들은 술 문제가 왜 생기는지에 대한 인식이 매우 부족하다. 다만 자신들이 술을 많이 마시는 이유를 물어보는 경우에는 "가정불화로 술을 마셔서 부인이 입원을 시켰다", "술을 좋아하는 애주가인데 왜 입원시켰는지 잘 모르겠다", "쉬러왔다"고 표현할 뿐이다. 하지만 입원 후 알코올중독 치료에 대한 교육을 받으면서 술 마시는 이유에 대한 질문을 받으면 그제서야 "대화가 되지 않아 홧김에 마셔서 입원했다", "부모님이나 친척들이 술을 많이 마시는 집안이라 유전이 된 것 같다", "스트레스를 풀기 위해서 마셨다", "사회생활을 하는데 어떻게 술을 마시지 않을 수 있냐"는 등 나름대로의 이유를 이야기한다.

위에서 말한 내용들은 모두 알코올중독의 원인이다. 하지만 환자나 가족 모두 이러한 이유들이 알코올중독의 원인이 되고 그에 따른 전문적인 치료가 필요하다는 것을 간과해 버린다. 그러므로 의료사회복지사는 환자와 가족들로 하여금 알코올중독이 여러 가지 원인으로 발생되는 진행적인 질병이라는 것을 인식시켜야 한다. 이를 위해 의료사회복지사는 다음과 같은 알코올중독의 원인에 대한 입장을 잘 이해하여야만 환자나 가족을 치료과정으로 이끌 수 있다.

1) 유전적인 원인

유전적인 측면에서 가족 중에 누군가가 알코올중독이거나 기분장애 문제를 가지고 있는 경우에는 그렇지 않은 사람보다 알코올중독이 발생할 가능성이 더 높다. 알코올중독 부모를 가진 아이는 어떤 부모에게 양육되는가에 상관없이 정상적인 가족에서 태어난 아이보다 알코올중독 발생률이 4배 높다는 보고가 있다(Goodwin, 1998). 그만큼 알코올중독의 원인에 있어서 유전적 소인의 관여가 강력하다는 것을 알 수 있다.

2) 생물학적인 원인

생물학적인 관점에서는 알코올중독을 중독적인 현상을 보이는 하나의 질환, 즉 비정상적인 신체적 현상으로 인한 신진대사상의 문제라고 본다. 술은 물, 에틸알코올, 그리고 맛과 향을 내는 소량의 아미노산과 미네랄 등으로 구성되어 있는데 체내에 흡수된 에틸알코올의 약 10%는 신장과 폐를 통해 그대로 배설된다. 나머지 90%는 간에서 산화되는데, 흡수된 알코올은 간에 있는 효소(ADH)에 의해 아세트알데히드로 산화된다. 독성물질 아세트알데히드(Acetaldehyde)로 인해 THIQ(Tetra Hydro Iso Quinolines)라는 신경전달물질이 생성되면서 알코올중독의 원인이 된다고 한다(민성길 외, 1999).

또 다른 최근 연구에 의하면 뇌의 신경전달물질 이외에도 도파민 수용체나 세로토닌의 함량이 적은 사람들이 알코올을 잘 마신다는 주장이 있기 때문에 알코올중독이 된다는 보고도 있다(Harold & Benjamin, 1998).

즉, 알코올을 적당히 마시면 중추 및 말초신경이 흥분되고 위산분비가 촉진되며 도파민이라는 신경전달물질이 분비되어 기분이 좋아지게 한다. 알코올중독을 병의 개념으로 설명하는 의학적 모델이 생물학적인 원인에 대하여 가장 많이 다루고 있다.

3) 정신역동적인 원인

정신역동적인 원인은 구강기에 고착되어 알코올중독을 일으킨다고 한다. 출생 직후부터 1년 반까지의 기간에는 입을 자극하여 쾌락을 추구하고 만족을 구하는 '구강기'인데, 이 시기 동안에 충분한 만족감을 느끼지 못한 사람의 경우는 구강기에 고착이 되어서 불안감을 줄이기 위하여 반복적으로 술을 먹고 마시는 행위를 함으로써 알코올중독이 된다는 것이다(Harold & Benjamin, 1998).

4) 성격적인 원인

성격적인 원인에 의한 알코올중독은 과잉 보호하는 어머니에 대한 경험 때문에 발생한다. 성장해서도 의존적인 욕구를 만족시키기 위하여 누군가를 찾고, 이 욕구가 좌절되면 분노가 발생하기 때문에 분노를 감소시키기 위해서 술을 마시게 된다고 한다. 특히, 알코올중독이 유발되는 성격은 일반적으로 부끄러움을 잘 타고 성급하고 외로워하며 불안해하며 민감하고 예민하며 성적으로 억압된 특성이 있다고 본다.

5) 사회학습적인 원인

사회학습적인 이론에서 알코올중독은 매일 술 마시고 주정하며 싸우는 부모를 보고 배운다는 것이다. 또한 술을 마시고 나면 긴장이나 불안, 스트레스가 감소될 것이라고 기대하면서 더욱 반복적으로 술을 마시게 되는 사람들도 있다. 이들은 현실적인 문제를 회피하며 다행감을 느끼고 불안감과 대인관계상의 어려움을 감소시키는 목적으로 술을 마신다. 이와 같이 음주 후에 기대되는 일차적인 긍정적 효과로 인하여 반복적으로 알코올을 탐닉하게 되면서 알코올중독이 된다.

6) 사회문화적인 원인

전 세계 수많은 사회문화는 알코올에 대한 제각기 다른 태도와 입장을 가지고 있다. 어떤 사회에서는 알코올에 대하여 매우 허용적이지만 다른 사회에서는 알코올에 대하여 강력한 비난을 하기도 한다. 대표적인 예로, 군대나 대학 기숙사 등에서 쉽게 볼 수 있는 술을 권유, 강요, 허용하는 분위기를 들 수 있다. 이 사회문화적인 원인은 알코올중독을 한 개인의 문제가 아닌 한 사회의 환경으로 인해 파생되는 문제로 보는 것이다.

술 소비량이 세계 1, 2위를 차지하는 우리나라의 경우는 사회적으로 술에 대하여 허용적인 분위기이며, 술을 사회생활에 꼭 필요한 것이라고 생각한다. 술을 먹지 않을 경우에 겪는 따돌림이나 술 마시기를 원하지 않는 사람이라도 사회적인 압력으로 인해 술을 마시게 하는 우리나라의 술자리 문화는 알코올중독의 확산에 큰 영향을 미치는 것으로 보인다.

이상에서 살펴본 바와 같이 알코올중독은 단일 원인이 아닌 사회문화적 요인과 환경적, 유전적인 원인, 그리고 개인의 정신병리 등이 복합적으로 작용한 결과로 발생하는 질병이다. 알코올중독의 원인에 대한 많은 이론이 나와 있는 만큼 알코올중독의 치료적 접근방법도 다양하게 제시되고 있다. 그러므로 의료사회복지사는 환자 개개인의 술문제 원인들을 정확하게 평가하기 위해 환자와 그 가족적인 배경을 잘 파악하는 심리사회적 사정에 따라 치료의 목표를 개별화시켜 접근하여야 한다.

4. 진단과 분류

1) DSM-IV 진단 및 분류체계

정신장애의 진단 및 장애의 통계 편람(DSM-IV)에서는 알코올중독을 알코올사용장애로 명명하며, 알코올의존과 알코올남용으로 분류하고 있다.

알코올의존과 남용을 분류하는 기준은 내성과 금단증상의 유무인데 알코올의존은 내성과 금단증상을 동반한다. 내성이란 알코올을 반복으로 사용하였을 때, 효과가 점차 감소되어 예전의 효과를 얻기 위해서 점차 알코올 사용량을 증가시켜야 하는 것을 말한다. 예를 들면, 소주 반병에 취기를 느끼던 사람이 종전보다 더 많은 양의 술을 마셔야만 예전과 같은 취기를 느끼는 경우를 말한다. 금단증상은 내성과 같이 생리적인 의존성을 말해주는 것으로 알코올을 반복적으로, 장기간, 고용량으로 복용한 후에 완전히 또는 어느 정도 중단했을 때 생기게 된다(대한신경정신의학회, 1997). 금단증상은 습관적으로 술을 마시던 사람이 술 마시기를 중단한 지 12시간 이상 경과한 후 나타나는 것이 특징이다. 수시간 내에 걸쳐 진전되며 손, 혀, 안검에 나타나고 잇따라 오심 및 구토, 무력감과 나른함, 자율신경기능항진(빈맥, 발한, 혈압상승), 불안, 우울, 또는 과민성·기립성 저혈압 등이 나타난다. 구갈증, 두통, 경한 말초부종이나 수면장애, 악몽 그리고 형태가 명확하지 않은 환각이 일시 나타날 수 있다. 이런 증상은 금주 후 12~18시간 후 나타나며 진전섬망으로 이행되지 않는한 5~7일 이내에 자연소실된다(민성길, 1999). 진전섬망으로 이행된 경우에는 작은 벌레들이 온몸을 휘감는 듯한 환촉과, 귀신이나 해골 등의 기분 나쁜 것들이 눈에 보여 괴로움을 느끼는 환시를 경험하기도 한다. 또한 가까운 사람들이 잔소리를 하거나 싫은 소리를 하는 환청 등의 환각을 느낀다.

〈표 Ⅰ-1〉 알코올관련장애 분류(DSM-Ⅳ)

알코올사용장애	alcohol use disorders
알코올의존	alcohol dependence
알코올남용	alcohol abuse
알코올유도성 장애	alcohol-induced disorder
알코올중독	alcohol intoxication
알코올금단	alcohol withdrawal
알코올중독섬망	alcohol intoxication delirium
알코올유도성 지속성 치매	alcohol-induced persistig dementia
알코올유도성 지속성 건망장애	alcohol-induced persisting amnestic disorder

알코올유도성 정신병적 장애, 망상형	alcohol-induced psychotic disorder, with delusions
알코올유도성 정신 병적 장애, 환각형	alcohol-induced psychotic disorder, with hallucination
알코올유도성 기분장애	alcohol-induced psychotic mood disorder
알코올유도성 불안장애	alcohol-induced psychotic anxiety disorder
알코올유도성 성기능장애	alcohol-induced psychotic sexual dysfunction
알코올유도성 수면장애	alcohol-induced psychotic sleep disorder
비특이성 알코올 관련장애	alcohol related disorders not otherwise specified

〈표 I-2〉 알코올남용 진단기준(DSM-IV)

A. 임상적으로 중요한 장애나 고통을 일으킬 수 있는 부적응적인 알코올 사용 양상을 보이고, 지난 12개월 내에 다음 4개의 항목 중 1개 이상을 보일 경우에 진단할 수 있다.

1. 반복적인 알코올 사용으로 직장, 학교, 가정에서의 중요한 임무를 수행하지 못한다(예: 알코올 사용과 관련해 반복적으로 결근하거나 업무수행이 불량하다. 알코올중독과 관련해 결석하거나 정학, 퇴학을 당한다. 중독으로 인해 자녀를 돌보지 않고 집안 일을 등한시한다).
2. 신체적으로 해를 주는 상황에서 반복해서 알코올을 사용한다(예: 알코올 사용으로 인해 장애가 초래된 상황에서 차를 운전하거나 기계를 조작한다).
3. 반복적으로 알코올 사용과 관련된 법적인 문제를 야기한다(예: 알코올 사용과 관련된 탈선 행동으로 체포된 경험이 있다).
4. 알코올의 효과로 인해 사회적 또는 대인 관계 문제가 지속적으로 또는 반복적으로 야기되거나 악화됨에도 불구하고 계속 알코올을 사용한다(예: 중독의 결과로 배우자와 언쟁하거나 몸싸움을 한다).

B. 증상이 동일 알코올의존의 진단 기준을 충족시킨 적이 없었다.

〈표 Ⅰ-3〉 알코올의존 진단기준(DSM-Ⅳ)

임상적으로 심각한 장애나 고통을 일으키는 부적응적인 알코올 사용 양상이 다음에 열거한 진단 항목 가운데 3개(또는 그 이상)항목으로 지난 12개월 사이에 어느 때라도 나타난 상태를 말한다.

1. 내성, 다음 중 하나로 정의된다.
   ⓐ 중독이나 원하는 효과를 얻기 위해 아주 많은 양의 알코올이 요구된다.
   ⓑ 동일 용량의 알코올을 계속 사용할 경우 효과가 현저히 감소한다.
2. 금단, 다음 중 하나로 나타난다.
   ⓐ 알코올의 특징적인 금단증상이 있다.
   ⓑ 알코올이 금단증상을 완화시키거나 피할 수 있게 해 준다.
3. 원래 의도했던 것보다 훨씬 많은 양이나 훨씬 오랫동안 알코올을 사용한다.
4. 알코올 사용을 중단하거나 조절하려고 계속 노력하지만 뜻대로 안 된다.
5. 알코올을 구하거나 알코올을 사용하거나 또는 알코올의 효과에서 벗어나기 위해 많은 시간을 보낸다.
6. 알코올의 사용으로 인해 중요한 사회적, 직업적 활동 및 여가 활동을 포기하거나 줄인다.
7. 알코올 사용으로 인해 지속적, 반복적으로 신체적, 정신적 문제가 생긴다는 것을 알면서도 계속 알코올을 사용한다.

---

2) 알코올중독 진행 단계

알코올중독을 애써 외면하는 사람들 중 일부는 "난 술을 많이 마시지 않아. 술을 마시면 잠만 자는데 내가 무슨 알코올중독자야?", "내가 물건을 부수길 하나… 사람을 때리길 하나… 스트레스 받을 때 조금 마실 뿐, 무슨 문제를 일으키냐?"라며 자신의 술문제를 부인한다. 반면 어떤 사람들은 "나는 술을 마시면 음식을 전혀 먹지 않아서 문제야", "술 때문에 직장도 잃게 되었고 이혼마저 하게 됐지…"라며 자신의 중독성을 심각하게 생각하며 부분적으로나마 술문제를 인정하고 있는 사람도 있다. 위의 두 가지 경우에 있어 대부분 신체적이거나 사회적인 문제가 더 심각한 후자만이 심각한 알코올중독이라고 생각하고 전자의 경우는 환자 자신뿐 아니라 가족조차도 "우리는 별 문제 없는 것 같아", "나보다 더 마시고 문제가 더 심각한 사람이 중독자지, 난 그 정도는 아니야"라고 생각하며 알코올중독 문제를 간과할 수 있다. 이러한 생각은 알코올중독이 진행성이며 평생동안 진행되는 질병이라는 것을 이해하지 못했기 때문에 갖는 잘못된 생각이다. 그러므로 의료사회복지사는 알코올중독의 진행과정을 잘 인식하여 환자와 가족이 당황하지 않도록 단계별 증상에 대한 설명과 예후에 대한 소견을 설명해 주어야 한다. 알코올중독의 진행과정은 다음과 같다.

(1) 전구 단계

대인관계나 직장일 등의 상황에서 불편감이나 스트레스

해소를 위하여 때때로 술을 마신다. 이 단계는 예전보다 더 많은 양의 술을 사용한다.

(2) 진행 단계

술을 마시고 일어났던 일에 대한 기억을 하지 못하는 경우가 발생된다. 은밀한 음주를 하고 죄책감을 가지나 술에 대하여 더욱 집착한다.

(3) 중대한 위기 단계

술에 대한 조절능력이 상실되며 술 마시는 이유에 대한 핑계와 변명을 하고 공격적인 행동을 한다. 중독자는 자신의 문제에 대하여 끊임없는 가책을 하면서 한때는 술을 끊거나 독주에서 순한 술을 마시는 등의 음주 습관을 바꿔보기도 하지만 결국 대인관계에서 고립되고 직장을 잃는 등의 사회적인 문제가 발생한다. 술로 인한 문제가 점점 더 심각해지면서 대부분의 시간을 알코올에 탐닉하게 되고 마침내 가정생활에도 문제가 발생하면서 불합리한 원한과 분노를 가지고 술로 세월을 보내게 된다. 마침내 신체적으로 허약해져 알코올 이외의 음식 섭취가 곤란해지기 때문에 가족들에 의하여 병원에 입원을 하는 단계가 된다. 이 시기에 성적욕구 감퇴나 성

불능으로 인한 의처증이 발생되고 해장술을 마시기도 한다.

(4) 만성 단계

술에 항상 취해 있으며, 알코올로 유발된 정신병적 장애(알코올 금단증상, 알코올성 치매, 알코올성 간질 등)가 발생하며, 신체적으로 허약해져 술의 양이 다시 줄어드는 역내성이 발생하며, 더 이상 변명을 하지 못하고 알코올에 대하여 완전한 패배를 인정한다(천주의성요한 알코올상담치료센터, 1990).

3) 알코올중독의 형태

의료사회복지사는 알코올중독의 다양한 형태를 알아야 한다. 왜냐하면 여러 형태의 알코올중독 문제를 지닌 환자들을 접하기 때문이다. 이 책에서는 알코올중독을 진행 질병으로 분류하고 있는 Jellinek의 알코올중독 형태분류를 소개하려고 한다. Jellinek(1960)은 알코올중독을 진행 질병으로 해석하며, 알코올중독을 4단계로 구분하여 설명한 후 이를 다시 음주 형태에 따라 5가지 아형(Alpha, Beta, Gamma, Delta, Epsilon)으로 설명하였다. 우리가 Jellinek의 5가지 아형을 알아두면 알코올중독자를 접할 때 많은 도움이 될 것이다.

(1) Alpha Alcoholism

심리적인 의존상태로 감정적인 고통을 잊기 위해서 음주를 하는 경우가 해당된다.

(2) Beta Alcoholism

과도한 음주로 신체적인 질병을 경험하지만 그럼에도 불구하고 신체, 심리적인 의존은 보이지 않는다.

(3) Gamma Alcoholism

술에 대한 조직의 내성이 증가해 있고 금단증상과 갈망을 보이는 신체적 의존상태에 있으며 통제력의 상실이 특징적으로 나타나기 때문에 일단 음주를 시작하게 되면 음주의 양을 스스로 조절할 수 없는 경우를 말한다.

(4) Delta Alcoholism

Gamma 알코올중독과 동일하지만 음주량에 대한 통제력의 상실은 없으나 단주를 하지 못해서 매일 술을 마셔야 하는 경우에 해당하며, 음식을 거의 먹지 않으며 며칠 정도는 술을 마시지 않아도 금단증상이 나타나지 않는다.

(5) Epsilon Alcoholism

음주과잉이라고도 하며, 통제력을 완전히 상실하였으며 음주를 중단하면 수일 내로 심각한 금단증상을 경험하는 경우에 해당된다(권구영, 1998).

Jellinek(1960)이 설명한 5가지 아형 중 Gamma와 Delta 알코올중독만을 중독성 질환으로 생각하였으나 이 두 가지 아형은 이미 알코올중독의 진행이 심각해진 상태이다. 그러므로 모든 질병이 초기에 발견되어 관리하면 회복이 빠르듯 알코올중독도 초기에 관리하지 않으면 더 심각한 장애와 손상을 초래한다는 것을 염두해야 한다.

5. 알코올중독 증상

습관적으로 술을 찾는 사람들의 경우, 적당량의 알코올을 섭취하게 되면 몸이 이완되면서 긴장을 풀어주거나 내성적인 성격의 사람의 경우는 감정을 고양시키면서 대인관계에서 자신감을 가지게 해 준다고 생각한다. 하지만 이것은 어디까지나 적당량의 알코올을 섭취하는 경우에 오는 긍정적인 효과이며 알코올이 우리에게 미치는 긍정적인 효과 이면에는 야누스의 얼굴처럼 공존하는 부정적인 효과가 있다. 결국, 습관적인 알코올 섭취는 우리 인체의 모든 부분에 해를 미친다고 할 수 있다. 알코올중독 환자는 자신의 신체기능에만 관심이 매우 높으며 치료자들로부터 자신의 현재 신체건강에 대한 확인을 받으려고 한다. 그러나 의료사회복사는 신체적인 증상만으로 알코올중독의 증상을 국한시키고 싶어하는 환자들의 방어기제임을 명확히 이해하고 있어야 한다. 따라서 그러한 환자들이 관심있어 하는 신체적인 증상의 치료도 중요하지만 환자에게 나타나는 심리사회적, 정신적, 행동적으로 나타나는 증상에 대해 인식하도록 도와야 한다.

실제로 알코올중독자가 일반 내과병원을 찾는 경우는 대부분 신체적인 문제가 찾아왔을 때이지만 정신과를 찾는 대부분의 경우는 신체적인 증상과 더불어 심리사회적, 행동적 증상으로 인해 가족 간의 문제가 심각해져 더 이상 견디지 못한 상태가 되었을 때이다.

환자들은 처음 간이나 위장장애 등으로 내과 입원치료를 받은 이후에도 계속되는 음주로 인하여 알코올중독 증상이 심해지면 정신과 치료를 권유받게 된다. 하지만 알코올중독자들은 “흥, 내가 정신병자야? 술을 좀 과하게 먹어 간이 좀 나빠졌을 뿐인데 정신병원이라니! 웃기고들 있네. 지금부터 술을 안 마시면 될 거 아냐!" 하며 정신과 치료 권유를 무시한다.

하지만 시간이 지남에 따라 술문제가 더욱 심화되면 결국 가족들에 의해 반 강제로 정신과에 입원하게 되는 것이다. 정신과 입원치료를 받으면서도 대부분의 환자들은 자신에게 알코올중독 문제가 있다는 것을 인정하기보다는 정신질환자들보다 자신들이 훨씬 우월하다고 생각하며 술문제가 정신과적인 문제라는 사실을 부정해 버린다. 그러나 스스로 조절할 능력을 잃어버린 알코올 환자의 과다한 알코올의 섭취는 신체적 기능을 저하시키고 정신적 황폐화를 야기하며 심지어는 목숨을 잃을 수도 있으므로 의료사회복지사는 알코올중독이 심각한 정신장애임을 알려줌과 동시에 알코올중독과 합병증의 정확한 상관관계를 설명해 주어야 한다.

1) 신체 증상

(1) 소화기관

술은 구강, 식도를 통해 위장에 도달하는데, 일부(20~30%)는 위에서 흡수되고 나머지 대부분은 소장 및 대장으로 전달되어 흡수된다. 공복이나 적절한 음식을 들지 않고 장기간 마시면 위장의 상피점막세포들을 자극하여 탈수현상을 일으키고 위에 손상을 입혀 염증을 일으키며 외적인 증세로 따가움을 느끼게 한다. 심하게는 위 주위의 근육층을 파괴하여 위궤양을 일으킬 수 있다.

또한 술은 위궤양은 물론이고 췌장염, 말초신경염, 식도와 위부의 암 발생률을 높이며 후두암과 구강암 발생의 원인이 되기도 한다(알코올상식백과, 1998).

(2) 간

술로 인한 신체적인 문제로 가장 흔한 것은 간기능의 장애이다. 가장 흔한 증상은 알코올성 간염과 지방간이며 이것이 심화되면 간경화(간경변)로 발전한다. 알코올성 간염은 간에 염증을 일으키는 것이며, 지방간이란 알코올의 양을 소화해낼 수 없을 때 간 조직 내에 지방이 과다하게 축적되는 현상이다. 이 상태에서 단주를 시작하면 회복이 가능하나, 계속 술을 마시면 간경변증으로 발전되어 매우 위험한 상태에 이르기도 한다. 하지만 대부분의 알코올중독자들은 자신들의 신체적인 이상을 인정하기보다는 지속적인 음주를 함으로써 간을 혹사시켜 목숨을 유지할 수 없을 정도의 상태로 이행하게 된다. 또한 손상된 간은 신진대사를 통하여 몸에서 생성되는 성호르몬에 장애를 일으키게 되어 남성 알코올중독자들의 경우 여성화가 되어, 가슴의 조직이 늘어나 여성화된 가슴이 된다.

(3) 췌장

장기간 음주를 하면 당뇨병과 비슷한 증상을 유발한다. 전형적인 당뇨병인가 하고 진료를 받아보면, 알코올성 급성 또는 만성 췌장염으로 밝혀지는 경우가 많다. 결국 췌장 내에서 생성, 분비되는 소화효소나 인슐린 같은 호르몬의 분비에 이상이 생겨 체내 당분 조절이 잘 안되어 당뇨병 증상이 나타나는 것이다. 한편, 알코올에 의한 간기능의 약화로 간에서 형성되는 췌장효소의 억제제들의 생성저하로 췌장의 분해효소가 많이 분비되어 만성 췌장염을 일으킨다는 보고도 있다.

(4) 암

알코올 자체가 암을 유발시키는 직접적인 원인은 아니지만 암을 유발시키는 작용을 한다는 것은 이미 잘 알려져 있는 사실이다. 구강암이나 식도암은 음주량과 정비례하며 위암, 췌장암, 대장암 등 소화기 영역의 암 발생률은 알코올과 약간의 관련이 있거나 혹은 없는 것으로 보고되어 있다. 하지만 간암의 경우는 알코올이 중요한 유발원인으로 작용한다고 알려져 있다.

(5) 신경계

신경계에 미치는 피해 중 대표적인 것으로는 알코올성 신경다발염이 있는데, 말초신경염이라고도 한다. 증상은 불쾌한 느낌과 발이 무감각해지거나 따끔따끔한 통증을 나타낸다. 심한 경우는 시각, 청각의 장애가 일어나며 걸음이 불안정해지고 걷기가 불편해지기도 한다. 이 문제는 단주와 비타민 공급으로 해결할 수 있다. 흔히들 알코올성 신경다발염이 오면 알코올중독자들은 병원에 오니 아픈 곳이 더 많아졌다며 불평을 한다. 자신이 그동안 마셨던 술 때문에 신경계의 손상이 온 것이라고 생각하지 않는다.

(6) 뇌

알코올중독 환자들이 호소하는 문제들 중의 하나가 기억력이 없어졌다는 것이다. 젊었을 때는 기억력도 좋고 똑똑하다는 소리를 들었는데 지금은 무슨 말을 들어도 금방 잊어버린다고 말한다. 실제로 알코올은 기억력에 심각한 손상을 초래하며 술을 과음함으로써 흔히 접하는 현상으로 '필름이 끊졌다'고 하는 기억상실증상을 보인다. 이것은 술을 과음하거나 장기간 남용 또는 과용하면 술이 뇌세포 파괴를 촉진시켜 뇌기능을 억제시키기 때문이다.

만성적이고 심한 음주는 영구적인 뇌손상을 일으키면서 코사코프 증후군으로 이행되는데 웨르니케 증후군에 뒤이어 나타난다. 코사코프 증후군은 최근 기억이 손상되어 뇌손상 이후에 일어나는 일에 대해 기억을 하지 못하며, 또한 기억나지 않는 부분에 대해서 말을 만들어 지어내는 작화증이 있으며 알코올중독자들은 이때에 꾸며진 말을 사실이라고 생각한다. 웨르니케 증후군이 되면 안구진탕, 운동실조, 정신착란 등이 나타나고 수일이나 수주일 내에 자발적으로 호전되기도 하지만 비타민B1(티아민)을 보충하면 회복이 가능하다(대한신경정신의학회, 1998).

2) 심리사회적 및 행동에 나타나는 증상

처음 알코올중독 환자들은 자신의 신체적 건강에 대한 염려는 많지만 술로 인해서 발생된 심리적인 문제들을 잘 알지 못한다. 그러기에 단주를 결심하는 이유도 대부분 신체적인 건강을 회복하기 위해서이다. 하지만 이런 생각들로 인하여 환자들은 사후치료 프로그램에 참여하거나 단주모임에 참석하지 않고 단지 술만 마시지 않고 생활하는 '생단주'를 한다. 생단주를 하면서 중독자들은 자신의 심리적인 문제나 가족과의 문제가 모두 해결될 것이라고 생각한다. 그러나 이러한 기대와는 다르게 단주를 한다고 해도 모든 심리사회적인 문제가 해결되는 것은 아니다. 어쩌면 단순히 "술만 끊으면 되지…"하는 환자의 기대와 달리 더 많은 문제를 가져올 수도 있다. 예를 들어, "단주를 하면 직장을 가질 수 있을 것이다", "가족들과의 갈등이 호전될 것이다"라고 생각하지만 현실은 그렇지 않다. 단주를 한다고 직장이 생기는 것도 아니고 가족들과의 갈등이 갑자기 해결되는 것도 아니다. 오히려 술을 끊었음에도 불구하고 대인관계상의 문제나 환자 자신의 성격 문제, 경제적 어려움, 그리고 가족과의 불화는 계속되는 경우가 많다. 그러므로 의료사회복지사가 환자와 가족의 심리사회적인 패턴을 이해하는 것이 매우 중요하며, 단주를 유지하면서 환자와 가족 그리고 주변 상황에서 문제가 될 수 있는 여러 가지 요소들을 현실로 끌어들여 함께 대처할 수 있는 방법들을 모색하여야 한다. 이는 단순히 술을 끊는 것만을 의미하는 것이 아니라 술을 마시지 않으면서 일상생활의 지속적인 관리와 문제해결능력, 대처방법들에 대한 노력이 필요하다는 것을 의미한다. 다시 말해 단주가 아니라 '단주생활'을 의미한다.

(1) 심리사회적 증상

일반적으로 알코올중독 환자들은 '자기중심적이다', '참을성이 없다', '남들이 나를 무시한다'는 심리적 상태를 통해 타인으로부터 거부되는 것을 두려워하며 외로움, 패배의식을 지니고 있다. 또한 그들은 낮은 자존감을 갖고 자신을 고립시키며 실패를 두려워하는 경향이 높다.

그러기에 알코올중독 환자는 자신의 문제행동을 설명하기 위한 변명을 자주 한다. 특히, 이러한 변명은 타인이나 가족이 자신을 비난할 때 죄책감을 줄이는 방법으로 사용되고 있다. 하지만 이러한 변명은 알코올중독 환자 자신의 현실적 상황을 정확히 바라볼 수 있도록 하는 것이 아니라 왜곡하여 나타난다는 데에 문제가 있다.

의료사회복지사는 이런 알코올중독 환자의 심리사회적인 영향을 이해하고 접근할 필요가 있다. 다음은 알코올중독 환자들이 많이 사용하는 심리적인 방어기제이다.

① 부정(Denial)

처음 알코올중독으로 진단 받은 환자는 두려움과 수많은 생각들로 혼란스럽기 마련이다. 가족에게서, 회사에서, 사회에서 멸시받거나 무시되는 것은 아닌가 하는 미래에 대한 걱정도 있을 것이다. 즉, 알코올중독에 대한 잘못된 사회적인 편견 때문에 자신이 알코올중독이라고 하는 부분에 대하여 인정하려고 하지 않는다. 그러므로 다른 사람들보다 술을 조금 더 많이 마셨을 뿐인데, 나보다 더 많은 술을 먹는 사람도 많은데, 하는 생각을 하면서 현실을 회피하려고 한다.

의료사회복지사는 이렇게 자신의 문제를 인정하지 않으려고 하는 알코올중독자에게 처음부터 술문제에 관한 인정을 받아내려는 실수를 저지르기도 한다. 알코올중독자들은 술로 인하여 업무를 처리하지 못하고 문제가 발생하였다는 것을 인정하지 않으며 "난 단지 애주가일 뿐이야", "나보다 더 술을 많이 마시는 사람이 얼마나 많은데, 왜 내가 알코올중독이야"하면서 자신의 술문제를 부정한다. 설령 문제를 인정한다 할지라도 문제에 대해서 축소하여 표현한다. 가족의 이야기를 들어보면 너무나 공격적이고 문제도 많이 저질렀음에도 불구하고 자신의 문제를 부인하거나 축소시켜 이야기하는 알코올중독자를 보면서 '어쩜 저렇게 거짓말을 할 수가

있나' 하면서 중독자에 대한 부정적인 감정 상태가 발생할
수 있다.

　이런 부정을 사용하는 것은 자신의 현실을 받아들이는 능
력이 매우 약해져 있고 자신의 처지에 대한 회피를 하고 싶
기 때문이다. 하지만 이것은 거짓말과는 다른 것으로, 환자가
무의식적으로 자신을 방어하기 위한 하나의 방법임을 명심
해야 한다. 자신의 술문제를 부정하던 중독자가 자신의 문제
를 인정하기 시작할 때에 두려움이나 우울감이 발생하게 되
기 때문에 의료사회복지사는 환자와 적절한 관계형성을 하
면서 스스로 자신의 문제를 말하도록 기다릴 줄 알아야 한다.
Felex P. Biestek 의 "Case work relationship" 7대 원리를 중심
으로 의료사회복지사와 환자의 관계를 사용하는 것이 바람
직하다.

　② 투사(Projection)

　알코올중독 환자는 어느 순간 자신의 문제를 인정하기는
하지만 "가족 때문에 화가 나서 술을 마실 수밖에 없다", "가
족이 나를 믿어주지 않는데 내가 어떻게 술을 끊겠냐?"는 등
의 투사로 자신이 그러한 문제를 갖게 된 원인에 대해 자신
을 둘러싼 가족이나 친구들의 탓을 한다. 이들은 가족에 대한

불합리한 원한과 분노를 가지고 있으며 이러한 분노를 자신과 가족에게 해로운 방법으로 표현하기도 한다. 알코올중독 환자는 자신의 잘못된 원한과 분노로 피해 받고 있는 가족들이 있다는 것을 알지 못한 채 스스로를 고립시키고 억압하기도 하며 자신의 잘못을 다른 사람의 탓으로 돌리는 증상이 두드러진다.

③ 합리화(Rationalization)

알코올중독 환자는 자신이 술을 마신 이유와 문제행동을 일으킬 수밖에 없었던 상황에 대하여 "남자가 사회생활을 하려면 술 한잔은 해야돼", "술도 못 마시면 외톨이가 된다구" 하는 등의 이유를 만들어 정당화시킨다. 그렇게 함으로써 지속적으로 음주를 하는 상황을 정당화시키는 것이다.

(2) 행동 증상

앞 부분에서 설명한 바와 같이 음주를 하면 중추신경이 억제되면서 이성적 사고를 마비시킨다. 이런 이성적 사고의 마비는 그동안 억압되었던 본능적 행동들을 유발시키며 여러 가지 문제행동을 일으키는 원인이 된다. 여러 보고에 의해 잘 알려진 바와 같이 술과 범죄는 어떠한 상관관계가 있다고 보고된다. 알코올중독자는 폭행, 성범죄 등을 더 자주 저지르며 사회적인 문제들을 일으키고 있다. 1988년 미국 법무부가 발표한 알코올과 범죄에 관한 보고서에 따르면, 알코올남용이 중요한 요인이 되는 범죄가 미국에서 발생하는 전체 폭력범죄 중 약 40%에 달하였다고 한다(정남운 외, 2000).

알코올을 섭취하면 성적인 욕구가 자극되면서 강간 등의 성범죄 발생률을 증가시키는데, 보고에 의하면 강간 당시 가해자나 피해자의 60~70% 정도가 음주를 하고 있었다고 한다. 또한 매스컴이나 여러 매체를 통하여 음주운전 문제도 사회적으로 심각하다는 것을 알 수 있을 것이다.

3) 알코올중독과 정신과적인 질환(이중장애)

알코올중독과 정신과적인 질환, 즉 이중장애에 대한 연구는 그다지 활발히 논의되지 않고 있는 실정이다. 그러나 임상 현장에서는 이중장애를 가진 환자들을 많이 만날 수 있다. 이중장애를 가진 대부분의 알코올중독 환자들은 정신과적인 질환에 대해서 전문적인 치료를 받기보다는 일시적으로 술을 마심으로써 해결하려 하기에 정신과적인 증상을 더욱 악화시켜 이중장애 문제를 심화시키기도 한다.

이중장애에서 가장 흔히 볼 수 있는 정신과적인 문제는 기분장애, 불안장애, 반사회적 인격장애 그리고 자살이 있다. 미국의 보고에 의하면 알코올중독자의 자살률은 일반인구에 비해 9~22배이고 평균 자살률은 10~15%라고 한다. 우리나라의 경우 이중장애에 관한 정확한 연구 결과가 미비한 실정이며 외국의 연구결과를 보면, Reich(1974)는 입원한 조울증 환자 중 절반 정도가 과다한 알코올 사용력을 갖고 있다고 하며, 대부분 우울 단계보다는 조증시기에 알코올 문제가 나타난다고 하였다(Winokur et al. 1993, 재인용). 알코올치료기관에서 처음 치료받는 여성 중 60%가 알코올중독 이외에 적어도 하나의 분명한 정신질환의 평생유병률을 가진다고 보고하고 있으며, 이 중 23%는 성격장애를 가졌고 약 50%는 전에 정신과 치료를 받은 적이 있다고 한다(Haver & Dahlgren, 1995, 재인용).

실제로 많은 이중장애 환자들이 임상에 있지만 이중장애 문제를 가진 환자의 판별과 개입은 쉽지 않다. 알코올중독은 정신질환의 증상을 악화시키기도 하지만 정신질환 때문에 알코올중독 문제가 심화되는 경우도 있기 때문이다. 또한 알코올중독 부분에 전문적인 개입을 했던 의료사회복지사는 알코올문제에 대한 경험이 풍부하기 때문에 정신과적인 접근을 어려워하며 반대로 정신과적인 질환에 대한 전문적 접근을 하였던 의료사회복지사는 정신과적인 질환에 대한 접근에 익숙하여 알코올중독 문제를 간과해 버리기도 한다. 이러한 원인은 임상교육 과정 동안 이중장애에 대한 사정과 개입에 대한 접근을 제대로 훈련받지 못한 것에서 비롯된 것 같다. 그러므로 우리가 알코올중독의 재발률을 낮추고 좀더 효과적으로 개입하기 위해서는 이중장애를 잘 숙지해 둘 필요가 있다. 다음은 알코올중독과 정신과적인 질환으로 흔히 보여지는 이중장애에 대한 내용이며 정신과 전문의와 협의하여 치료하는 것이 중요하다.

(1) 알코올중독과 인격장애

이중장애에 대한 이해가 없을 때, 의료사회복지사는 알코올중독자를 성격파탄자로 오인하여 치료를 거부하게 되는 경우가 있다. 이같은 실수를 저지르지 않기 위해서는 알코올중독의 경우 인격장애가 동반되는 경우가 있다는 것을 이해하고 접근하여야만 한다. 인격장애 유형 중 알코올중독 문제에 가장 많이 나타나는 것은 반사회적 인격장애인데, 알코올중독자의 반사회적인 경향은 치료자와의 관계 형성에서부터 문제가 발생되고 결국은 환자의 치료를 방해한다. 특히, 반사회적 인격장애를 함께 가진 알코올중독 환자를 만나면 의료사회복지사는 먼저 겁을 먹고 환자에게 치료적인 접근을 하지 못하고, 다른 환자들을 선동하여 행동할지 모른다는 우려를 하게 된다. 실제로 반사회적 인격장애 환자들의 위협적인 태도나 과거력에 나타나는 범법적 행동들을 보면 무서워지기도 한다. 또한 자신의 행위에 대한 죄책감이 전혀 없으며 치료자에 대해 반항적인 모습으로 프로그램을 방해하기도 한다. 이럴 때 흔히 의료사회복지사는 이런 환자들을 구제불능 골칫덩어리로 여기며 치료를 포기하는 실수를 저지른다. 하지만 이런 이중장애의 경우에는 무엇보다 술문제와 함께 인격장애에 대한 개입이 우선되어야 할 필요가 있다. 특히, 알코올중독과 반사회적 인격장애 문제가 동반된 경우는 알코올병동이 갖추어져 있고 치료적 세팅이 구조화되어 있는 곳에서의 접근이 용이하다.

알코올중독 환자의 13~19%는 경계선 인격장애가 차지한다. 경계선 인격장애는 정서, 행동 및 대인관계의 불안정과 주체성의 혼란으로 개인의 인격과 기능특성에 심각한 문제를 일으키며, 알코올치료 과정 중에 반사회적 인격장애와 함께 치료자를 지치고 힘들게 하는 장애 중 하나이다. 의료사회복지사는 이러한 경계선 인격장애의 특성에 대하여 잘 알고 있어야 하며 환자의 치료에 있어 다른 치료자나 환자의 가족과 동맹관계를 철저하게 맺고 잦은 의사소통을 해야 환자의 문제에 대해 적절하게 개입할 수 있다. 또한 환자의 성격문제에 대한 개입이 선행되어야 알코올치료가 효과를 볼 수 있다.

(2) 알코올중독과 기분장애

기분장애의 경우는 알코올중독 환자에 있어서 많은 부분을 차지하고 있는 정신과적인 질환이다. 우울증과 알코올중독이 함께 있는 경우 어느 질환이 원인이 되었는지에 대한 논란이 있는데, 우울증 때문에 알코올중독이 유발되었는지 알코올중독으로 인해 우울증이 발생되었는지 환자마다 다르기 때문에 가족이나 환자와의 상세한 면담을 통해 원인규명을 하여 적절한 접근을 해야 한다. 우울증을 극복하기 위하여 반복적인 알코올을 사용하여 알코올중독이 2차적으로 발생한 경우라면, 우울증에 대한 치료를 주치료로 시작하면서 알코올중독에 대해 접근해야 한다. 그러나 알코올중독이 1차적인 문제이며 2차적 문제로 우울증이 발생되는 경우가 있다. 이런 경우에는 우울증이 금단증상의 경우인지도 함께 살펴야 한다. 금단증상의 기간이 충분히 지나서도 우울증이 지속되면 알코올중독 치료를 먼저 해결한 후 우울증치료도 병행

해야만 한다. 조울증에서도 알코올중독을 보이는 경우가 있는데, 이러한 경우엔 조증삽화를 유지하기 위한 방법으로 술을 사용하는 경우가 있다.

알코올중독과 기분장애의 원인 규명은 알코올중독 치료를 하는 데 재발률을 감소시키고 효과적인 치료를 위해서 꼭 필요하다.

(3) 알코올중독과 불안장애

알코올은 불안을 감소시키기 위하여 사용되기도 하며, 때로는 공포증이나 공황장애 등의 증상을 감소시키기 위하여 사용된다. 또한, 알코올이라는 성분이 어떤 사람에게는 긴장을 해소하고 불안감을 줄여주기 때문에 자주 남용되기도 하며 공포증이나 공황장애 등의 증상을 감소시키기 위하여 사용되기도 한다(Harold & Benjamin, 1998).

(4) 알코올중독과 정신분열병

정신분열병과 알코올중독의 이중장애는 위에서 언급된 장애보다는 흔하지 않지만 임상장면에서 때때로 마주치게 된다. 정신분열병의 경우에 알코올중독 문제가 발생되는 경우는 환자 자신의 내재된 불안으로 발생한다고 볼 수 있다. 예를 들면, 환청이나 망상의 증상 때문에 술을 반복적으로 사용한다든지, 늘 혼자 있고 대인관계가 어려운 부분에 대한 탈출구로 술을 마시면서 자신의 문제에 대한 회피방법으로 알코올을 사용한다든지, 또는 약물부작용에 대한 대처방안으로 술을 사용하는 것이다. 이러한 경우 치료결과를 보면 치료자를 좌절하게 만드는 경우가 많다. 그 이유 중 하나로 환자 스스로가 정신과적인 질환에 대한 낙인감을 회피하기 위해서 정신과적인 질환을 부정하고 술문제만을 해결하겠다고 하면서 정신과적인 치료를 거부하기 때문이다. 또한 알코올중독자만을 위한 치료를 받을 경우 기존의 알코올중독 치료 프로그램에서 제공되는 내용을 이해하고 이를 자신의 실제생활에 적용할 수 있는 능력이 알코올중독자들에 비해 낮기 때문에 치료의 효과를 기대하기가 어렵다(김용석, 2001). 이중장애에 대한 적합한 치료가 있지 않기 때문에 실제 생활을 해결할 수 있는 능력이 낮기 때문이다. 하지만 이러한 경우 의료사회복지사는 반드시 정신과 전문의와 합의하여 정신과 질환에 대한 치료를 근본으로 하면서 환자의 불안을 지지하여 치료하도록 하는 것이 중요하다.

4) 가족에게 나타나는 증상

알코올중독은 개인의 문제라기보다는 가족 전체가 고통받고 진행적으로 함께 병들어 가는 가족병이다. 즉, 알코올중독은 중독자 자신에게만 고통을 주는 질병이 아니라 더 나아가 가족에게도 부정적인 영향을 미쳐서 가족도 병들게 만든다는 것을 의미한다(최송식, 1997) 알코올중독자가 벌여놓은 문제행위들을 처리해주면서 이번이 마지막이라고 위협하지만 또 다른 문제가 발생하게 되면 다시 뒷감당을 해줌으로써 자신도 모르게 알코올중독자의 음주문제를 조장하는 역할을 하고 있는 것이다. 그러므로 가족의 참여는 알코올중독 회복에 있어 매우 중요하다. 일반적으로 가족 간의 갈등과 부조화가 많은 가족의 경우보다는 가족의 지지와 협조가 잘되어 있는 알코올중독자의 경우가 회복률이 훨씬 앞서기 때문이다.

(1) 배우자의 공동의존

① 순교자형

옛날부터 남자가 술 마시는 것에 대해 허용적인 사회문화 분위기로 인해 순교자형은 우리나라 알코올중독자 부인에게 가장 많은 유형이다. 순교자형은 중독자의 문제행동에 대하여 항상 참고 해결해줌으로써 자신과 알코올중독자와의 만남을 숙명으로 생각한다. 또한 알코올중독자가 자신의 행동에 대한 죄책감을 느끼지 않도록 해줌으로써 더욱 술에 빠져들게 조장한다. 중독자의 폭력적 행동이나 술로 인한 심각한 사회문제의 뒷감당을 해 주며, 참으며 견디다 못해 중독자를 병원에 입원시킨 이후에도 변함 없이 중독자의 분노를 받아들이며 순종하는 순교자형 패턴 앞에 치료자들은 당황하게 된다. 중독자의 상태에 대한 치료자의 설명과 권유를 듣지만 결국 알코올중독자의 의견을 우선시하고 따른다. 그럼으로써 병원 밖의 일이나 환자와의 관계악화를 핑계삼아 치료자의 의견을 무시하며 환자를 퇴원시키고, 치료자의 권유를 받아도 자신이 결정하기보다는 알코올중독자의 의견에 따라 가족모임 참석을 꺼려한다.

② 박해자형

순교자와는 반대의 유형이다. 처음엔 중독자의 모든 문제들을 받아들이며 해결하려 하지만 중독자의 반복되는 문제가 해결되지 않음으로써 대부분의 가족들은 좌절을 경험한다. 그러면서 부인은 중독자의 행동이나 모든 상황에 대하여

중독자를 박해한다. 심지어는 단주를 하던 중독자가 다시 술 문제 행동을 일으키거나 입원상황이 되면 "차라리 죽어버렸으면 좋겠다", "입원이고 뭐고 치료도 되지 않는데 좋아하는 술이나 실컷 마시다가 죽어버려라!"면서 중독자에 대한 적개심과 분노를 표현한다.

이런 경우에는 어느 정도 회복이 되고 치료에 협조적인 중독자일지라도 그의 변화된 모습과 입장을 가족들에게 설명해봐야 헛수고라는 것을 알아두어야 한다. 일단은 지쳐있는 가족의 심정을 충분히 공감해 주는 것이 중요하며 그 이후에 치료자와 가족이 치료적 동맹을 맺은 후 가족의 박해행동에 대한 접근을 시작해야 하는 것이다.

③ 술친구적 유형

중독자가 반복적인 술문제를 일으키는 것을 지켜보던 술친구적 유형의 부인은 이럴 바에야 차라리 나도 술을 한번 마셔봐야겠다고 생각하면서 중독자와 함께 마시거나 술을 사다주면서 중독문제를 더욱 심화시킨다. 술친구였던 부인이 남편과 같이 알코올중독 문제를 겪게 된 경우도 있었다.

④ 냉담자형

어떠한 일에도 상관하지 않으며 무관심한 유형이다. 중독자의 술문제로 인한 입·퇴원이 반복되면 가족들은 처음에 갖고 있던 희망이나 믿음을 잃어버리고 불신과 포기하는 마음을 갖게 된다. 이런 경우 환자를 병원에 입원시키고 난 후 배우자는 냉담한 반응을 보인다. 가족들이 참여해야 하는 치료 프로그램을 설명해 주어도 "예전에 받아보았지만 소용이 없었다. 여하간 관심을 가져주어 고맙다"라며 치료자의 역할을 하거나 알코올중독 프로그램이나 중독자의 회복에는 관심 없이 중독자를 귀찮아하며 병원에 입원시킨 후 몇 달 또는 몇 년간 방치하는 경우도 있다. 심지어는 중독자를 병원에 입원시켜 놓고 가족들이 모두 이사를 가버려 치료자를 안타깝게 하는 경우도 종종 있다.

(2) 알코올중독 환자 자녀들

알코올중독은 그 자녀들에게도 영향을 미쳐서 부모가 음주문제를 가진 집안의 자녀들은 일반 가정의 자녀들에 비해 적개심이 뚜렷하게 나타나고, 사회적 공격성이 높으며, 반사회적인 행동을 하는 비율이 더 높다. 또한 형제들 간에 비정상적인 의견 불일치가 많고, 학교에서 약물남용과 같은 행동

문제를 나타내며, 친구들과 싸우는 비율이 정상 가정의 자녀들보다 더 높다는 것으로 보고되었다(C. Wilson, 1982).

이지숙(1990)의 연구에서도 알코올중독자의 자녀들이 정상인의 자녀들보다 죄책감을 더 많이 가지고 있다고 하였으며 가족 내의 부정적 생활사건의 경험으로 더욱 높은 가족 스트레스를 가지고 있다고 하였다. 성인기에 나타나는 알코올중독자의 성인아이(ACOA) 문제는 중독자 자녀의 아동기 경험이 얼마나 심각한지에 대하여 알 수 있는 예이다.

① 책임감 있는 아이

장남·장녀의 역할을 하는 자녀들이다. 이들은 어릴 때부터 중독자의 부족한 부분 때문에 부모로부터 '너만 믿고 산다', '네가 집안의 대들보다' 라는 기대를 받고 자란다. 그러므로 이들은 항상 책임감에 사로잡혀 있으며 이들의 성공은 자신의 개인적인 바람보다는 집안의 안정감과 조화에 기준을 두고 있다.

② 조정자

가족의 부조화 때문에 이들은 자신이라도 문제를 일으키지 않기 위해서 노력한다. 이들은 가족 안에서 있는 듯 없는 듯한 존재인데 사회에 나가서도 마찬가지이다. 특히 감정표현이나 자기표현을 하지 않고 주위의 의견에 항상 수긍하며 지낸다.

③ 회유자

가족의 위안자 역할을 한다. 술로 흥청망청 지내는 아버지를 보면서 화를 내는 어머니 사이에서 이들은 집안의 고통, 슬픔, 분노 등을 완화시키려고 노력한다.

④ 문제아

문제가 있는 가족에 대한 불만을 표현하기 위하여 일탈된 행동(약물남용, 혼전임신)을 한다. 청소년기부터 약물사용을 하거나 가출행동 등의 문제를 야기함으로써 가족 내의 어려움을 일으키는 행동을 한다. 이들은 자신의 문제행동에 대하여 "그 부모의 그 자식이죠", "좋은 집안에서 태어났다면 내가 이렇겠냐"면서 합리화를 한다.

II. 개입과 치료과정

1. 개입 시작

알코올중독이란 알코올성 음료를 통제하지 못한 채 마시는 것으로 특징지어지는 질병으로, 남녀노소나 빈부 차와 상관없이 모든 연령과 사회적 · 경제적 배경의 사람들에게서 나타난다. 알코올중독은 환자의 건강, 행복, 안전, 수명에 영향을 미치고 자존감은 물론 직업을 잃게 되는 경우도 많다. 또한 잦은 재발로 알코올중독 가족은 경제적인 손실은 물론 심리 사회적인 부담감을 갖게 되며 알코올중독 환자들을 어떻게 대해야 하는지에 대한 어려움을 느낀다. 알코올중독은 신체적인 면, 심리사회적인 면에서 개입이 반드시 필요한 부분이며, 환자뿐만 아니라 가족 또한 치료에 동참해야 하는 가족병이라 할 수 있다. 그러나 대부분의 사람들이 알코올중독이 치료를 받아야 하는 질병이라고 생각하지 않기에 입원 과정에서부터 많은 어려움을 겪고 있다.

1) 입원

보통 사람들은 술을 마시고 병원에 입원을 한다라고 생각하지 못한다. 단지 술을 많이 마셔서 몸 상태가 나빠졌기 때문에 종합건강진단을 받으러 내과진료를 받는 정도로만 생각하고 있다. 알코올중독은 의지가 부족하여 끊지 못하는 것이지 질병이라고 인식을 하지 않기 때문에 입원치료가 필요하다고 느끼지 못 할 뿐만 아니라 현재 우리나라의 대부분 알코올중독 치료기관은 정신과의 폐쇄병동이므로, 알코올중독 환자들은 자신이 정신질환자가 입원하는 폐쇄병동에 입원하는 것을 받아들이지 못한다.

결국 여러 방법들을 동원하여 입원을 하게 되는데 대부분 입원을 하게 되는 상황을 보면, 첫 번째로 술을 너무 많이 마셔서 통제능력이 상실되었을 때, 두 번째로 술을 끊어보고자 하여 안 마셨을 경우 금단증상이 나타났을 때, 세 번째로 피를 토하거나 음식물을 거부하는 신체적인 이상이 나타났을 때라고 할 수 있다.

이러한 상황에서 입원을 하는 방법은 다음과 같이 두 가지로 나눠볼 수 있겠다.

(1) 자의입원

자발적으로 입원을 하는 경우는 극히 드물다. 가장 대표적으로 술을 너무 많이 마시고 감당할 수 없는 신체상태가 되었을 때 스스로 병원을 찾는 경우가 있다. 이런 경우는 해독과정이 끝나 정신상태가 회복이 되면 퇴원을 하려고 애를 쓴다. 자신이 어떤 과정을 거쳐 입원을 했는지 입원시 상태가 어떠했는지에 대하여 전혀 기억도 못하며 자신과 무관하다고 생각할 뿐만 아니라 술로부터 회복된 지금의 상태만 강조하여 퇴원을 고집하는 경우가 대부분이다. 대부분의 알코올중독 환자들은 지속적으로 술을 마셔오기 때문에 오랫동안 경제활동을 못한 상태이다. 그러나 자신이 가장으로 해야할 일이 많다는 것을 강조하여 더 이상 병원에 있으면 안 되는 이유를 댄다.

두 번째로 술을 끊고 싶어하나 스스로 못 끊어 도움을 받고자 찾아오는 경우가 있다. 이 경우는 교육 및 정보에 대한 욕구가 많기에 알코올중독 환자 및 가족들을 상담하는 데는 어려움이 없으나 알코올중독 환자가 사회복지사에게 의존적인 모습을 보일 수가 있다. 대부분 여러 차례 입·퇴원이 반복되는데, 재발되는 과정에서 알코올중독 환자들은 술 문제를 자신의 문제라고 여기다 가족의 지지체계가 부족한 탓이라고 돌리는 심리적 무기력, 자포자기 등의 정서적 문제를 보인다. 가족들은 반복되는 입원으로 치료효과에 대한 불신, 무관심 및 포기 등 가족문제가 관찰되기에 의료사회복지사는 치료과정이 어렵고 잦은 재발과 가족의 끊임없는 관심이 필요하다는 것을 강조해야 한다.

세 번째로 자발적으로 입원을 했으니 퇴원도 본인이 결정하겠다고 하는 경우를 말한다. 이 경우는 술을 끊고자 스스로 입원을 했다는 이유를 강조하여 입원기간이나 교육 등에 대하여 자신이 결정하려고 한다.

그 밖에 어쩔 수 없이 입원해야 하는 상황(음주운전으로 구속되어야 하나 병원에서 입원치료 받는다는 이유로)이기에 스스로 입원을 하는 경우도 있고, 입원을 하여 해독치료를 할 경우 신체적인 상태가 호전되는 것을 느끼므로 술만 마시면 병원에 입원시켜 달라고 하는 알코올중독 환자들도 발생한다.

(2) 타의입원

대부분 알코올중독 환자들은 강제로 입원을 하게 된다. 지속적으로 술을 마시고 있으며 입원을 하자는 가족들의 권유를 무시하고 가족들을 괴롭히고 심지어 폭력까지 행사하는 경우도 있다. 대부분 가족들이 입원을 시키나 통제가 안 되는 경우 119구급대에 도움을 요청하여 입원을 하게 된다.

입원을 하는 과정에서 실랑이가 벌어질 수 있기에 강제입원일 경우 양팔과 다리를 끈으로(restraint) 묶을 수 있다. 알코올중독 환자들은 이때의 기억에 대한 분노가 많으며 처음 입원하게 되는 가족들일 경우 치료과정에 대한 불안감이 증가하게 된다. 또한 입원결정을 누가 했느냐에 따라 환자의 치료 유지가 되느냐 가족갈등이 일어나느냐 구분되기도 한다.

강제입원과정을 거친 알코올중독 환자들은 가족 특히 배우자를 괴롭히고 퇴원 후 가만히 두지 않겠다고 협박을 한다. 협박을 하면서도 '가족이 나를 버리지 않을까' 하는 걱정을 갖게 되기도 한다. 반면 가족도 혹시 알코올중독 환자가 퇴원 후 해를 입히지 않을까 걱정을 하면서도 알코올중독 환자와 떨어져 지내는 것에 신체적 정신적 편안함을 느끼게 된다. 그렇기 때문에 퇴원을 해달라는 협박전화를 받고 의료사회복지사들에게 어떻게 해야 하는지를 의논하는 전화가 자주 온다. 의료사회복지사는 그동안 가족들이 힘들게 생활해온 것에 대한 공감대를 형성해 정기적인 면회와 집단교육을 참석함으로써 알코올중독 환자에게 관심이 있음을 알도록 해야 한다고 설명한다. 또한 알코올중독은 가족병이기 때문에 술로부터 멀어지기 위해서는 가족들도 음주를 중단하는 과정부터 함께 해나가야 한다.

2) 초기 접촉

(1) 알코올중독 환자가 직접 찾아오는 경우

이 경우는 알코올중독 환자가 이전의 경험으로 인해 의료사회복지사의 역할을 잘 알고 있거나 익숙할 때 스스로 도움을 요청하며 찾아오는 경우다.

술에서부터 벗어나고자 하는 알코올중독 환자는 의료사회복지사가 제시하는 방법대로 잘 따라간다. 대부분 알코올중독 환자들은 고립되고 자기연민에 잘 빠지며 자신감이 결여되어 타인들과 관계형성을 하는 데 어려움을 느낀다. 가족들과의 관계에서는 재발과정을 여러 차례 겪으면서 알코올중독 환자의 말을 믿지 않는 경우가 많고 '얼마 안 되어 또 마시게 될텐데' 하는 식의 태도로 대하기에 알코올중독 환자는 스스로 노력하고 있는 모습에 대하여 알아주지 않는 점에서 고립되는 경우가 많다.

그러나 의료사회복지사와 상담을 할 경우 그들의 강점을 찾고 인정해 주는 과정에서 알코올중독 환자와의 신뢰관계가 형성된다. 의료사회복지사는 의료진 중 접근성이 용이하므로 자신의 노력이나 행적들에 대하여 함께 이야기 나누고 지지를 받게 된다.

(2) 가족이 먼저 찾아오는 경우

이 경우 환자는 비자발적인 경우가 많다. 교육안내를 보거나 이야기를 듣고 의료사회복지사를 찾아오는 경우로 대부분이 술을 너무 많이 마시고 있는데 어떻게 입원을 시켜야 할지 모르겠다 라고 하는 경우이며, 여러 차례 입·퇴원을 반복하여 의료사회복지사와 상담을 나눈 가족들일 경우도 재입원 과정을 상의할 때가 많다. 의료사회복지사에게 의존적인 경우가 많다.

환자나 가족이 사회복지사를 찾아오는 경우 사회복지사로서 주의해야 할 점은 공동의존(co-dependency)을 형성하지 말아야 한다는 것이다. 가족들은 환자로부터 비난을 모두 사회복지사로 돌리는 경우가 많다. 그러므로 가족들에게 안내는 해주되 모든 결정은 가족들이 스스로 할 수 있도록 안내해야 한다.

(3) 사회복지사가 찾아가는 경우

종합병원의 경우 사회복지사는 반드시 알코올중독 환자들을 찾아 상담할 필요가 있다. 술은 신체 및 정신에 영향을 미치며 가족까지 술을 중심으로 한 질병에 걸리게 한다. 알코올중독증은 지속적인 교육과 자기성찰을 통하여 벗어날 수가 있기 때문에 약물치료뿐만 아니라 개인이나 가족상담 및 교육이 필수적이다.

사회복지사가 찾아갔을 경우 어떤 알코올중독 환자들은 실제로 술에서 벗어나고 싶으나 교육의 기회를 갖지 못한 경우가 있다. 이 경우는 사회복지사의 만남을 긍정적으로 받아들이며 큰 저항이 없다. 이때 단주교육을 통하여 술에 관한 무지에서 벗어나고 집단 내에서 자신을 되돌아 볼 수 있는 기회를 갖게 된다. 개별상담 또한 병행하여 자신의 강점과 약점이 무엇인지 파악하고, 술과 관련된 심리사회적으로 어려운 문제들을 파악하여 알코올중독 환자 스스로 동기부여를 할 수 있도록 상담해 나가야 한다.

정신과 병원에 입원하여 교육을 강제적으로 받은 경험이 있는 알코올중독 환자는 기존에 교육을 받았고 다 알고 있으며, 자신의 의지가 중요하고 자신은 이미 단주 할 각오를 갖고 있다고 하여 사회복지사의 면담을 거부하며 화를 내는 경우도 많다. 사회복지사들은 인내심이 필요하며 지속적으로 만남을 가져야 한다.

또한 스크리닝을 할 경우 진단명만 보고 알코올중독 환자에게 접근했을 때 내과적인 상태가 심각할 수 있다. 이때는 환자나 보호자가 예민해져 있기 때문에 환자 차트나 상태를 명확히 파악한 후 방문하고 환자에게는 교육이나 상담에 참

여할 것을 격려하고 보호자는 상담실로 따로 안내하여 상담
을 진행시키는 것이 좋다.

(4) 의사가 의뢰하는 경우

보통 종합병원의 소화기내과와 정신과 전문의 및 전공의
가 알코올중독 환자의 개별 및 집단상담을 위해 사회사업과
에 환자를 의뢰한다. 의뢰내용은 다음과 같다.

첫째, 술을 끊을 수 있도록 하기 위한 단주모임(A.A)의 연결
및 단주교육 실시에 관한 것으로, 이때 단주모임에 대한 치료
진들(특히 내과의사)의 기대수준이 높을 수 있다. 환자들이 이
전에 교육을 받은 적이 있더라도 반복적인 재교육과 환자의
상태에 맞는 단계별 교육이 필요하므로 환자의 현재 입원상태
가 어떠한지를 정확히 사정하여 개입목표를 설정해야 한다.

내과병동에 있는 환자일 경우 단주모임에 다녀온다고 이
야기한 후 밖으로 나가는 경우도 발생하므로 환자가 단주모
임에 다닐 때는 반드시 담당 주치의와 병동 간호사와의 긴밀
한 의사소통을 해야 한다.

둘째, 알코올중독 환자로 인한 가족들의 심리 · 사회 · 경제
적인 문제사정 및 개입에 관한 것이다. 알코올중독 환자들로
부터 오랜 시간 괴롭힘을 당해온 가족들은 우울이나 불안 등

의 정서적인 장애를 보이며 자녀들은 불신과 일탈행동을 보이기도 한다. 그러나 가족은 알코올중독 환자들이 술로부터 회복을 하는 데 중요한 역할을 하기에 가족의 응집력을 파악하고 가족개입 계획을 세워야 한다. 또한 대부분의 알코올중독 환자들은 경제활동을 하지 못하기 때문에 배우자(특히 부인)가 생계를 이어나가게 된다. 그러므로 환자가 종합병원 내과병동에 입원해 있다면 알코올 전문병원으로 연계시키는 일이 필요하므로 사회복지사는 지역사회 내 전문병원에 대하여 잘 숙지하고 있어야 한다.

알코올중독 환자는 사회복지사를 만나는 것에 대하여 필요 없다고 느끼기 때문에 의사의 의뢰에 의해서 만나게 되면 퇴원을 위해서라도 큰 저항 없이 만나게 될 수 있다. 퇴원 전한 번을 만나더라도 교육과 상담이 이루어지면 재입원시 사회복지사를 찾는 경우가 생긴다. 이때 사회복지사들은 상담경위나 내용에 대하여 자세하게 기록을 하고 주치의와 의사소통을 해야 한다.

(5) 입원과 동시에 규칙적으로 만나는 경우

알코올중독자의 입원과정은 외래나 응급실에서 의사의 1차적인 평가가 있은 후 입원병실로 옮겨지고 있다. 입원결정이 나서 병실이나 중환자실로 옮겨지면 그때부터 각 분야의 담당자들과 면담이 들어간다. 가장 먼저 전공의 선생님들에 의한 신체적·정신적인 사정을 하여 약물치료가 들어가고, 간호사들의 간호행위가 이루어진다. 이때 사회복지사의 개입은 알코올중독 환자가 정신상태가 혼돈스러우면 가족을 먼저 만나 평가를 하기 시작한다. 알코올중독 환자가 금단증상에서 회복된 후 환자에 대한 개입이 시작이 된다. 이렇듯 한 환자가 입원을 하게 될 경우 의사, 간호사, 사회복지사가 한 팀이 되어 차례로 평가를 하고 개입계획을 세운다. 입원환자들의 전부를 사회복지사가 상담을 하고 있으나 대부분 종합병원은 의사로부터 컨설트 페이퍼를 받고 개입하게 되고, 알코올중독치료 전문병원에서는 페이퍼 없이 입원과 동시에 각 분야에서 접근하고 있다.

3) 심리사회적 사정(Psychosocial Assessment)

(1) 목적

심리사회적 사정은 알코올중독 환자 개인의 심리사회적 상태 전반에 걸친 정확한 정보를 수집하는 과정이라고 할 수 있다. 심리사회적 사정의 목적은 크게 세 가지로 나눌 수 있다. 첫째, 정확한 진단을 위한 정보를 제공하며 둘째, 문제의 정도를 파악하고 셋째, 환자 개인에 따른 치료계획을 수립하고 방향을 설정하는 데 그 목적이 있다.

(2) 내용

알코올중독자의 치료는 정확한 병식을 갖게 한 후 동기부여를 통하여 단주 유지를 하도록 만드는 것이다.

알코올중독자의 심리사회적인 평가를 위해서는 다음과 같은 사항을 파악해야 한다. 먼저 환자의 기본적인 사회인구학적 평가를 실시한다. 입원동기 및 입원경로를 파악해야 하는데, 응급실로 왔는지와 외래로 입원을 하였는지 자발적인 입원인지 비자발적인 입원인지를 파악한다. 과거력을 파악하는 질문으로는 첫 음주시기, 주량, 빈도, 음주형태와 단주경험의 유무, 단주기간 등이 있다. 또한 과거 및 현재의 정신증상과 신체증상을 평가해야 한다. 단주경험을 파악하는 것은 이들의 긍정적인 면을 파악하기 위하여 필요한 부분이다. 치료경험이 있었는지(정신과, 내과치료) 단주교육을 받은 경험이 있었는지를 알아본다. 또한 환자가 느끼는 문제와 가족이 느끼는 문제가 어떤지, 가족 중 음주문제가 있는 사람은 있는지, 가족력을 파악한다. 심리사회적 평가를 할 때 중요한 부분은 치료에 대한 동기가 어느 정도 있는지를 파악하는 것이다. 기본적으로 이 부분에 대한 정보수집을 통하여 환자가 갖고 있는 자원 및 한계를 파악하여 환자 개인에게 맞는 치료적 전략을 수립한다(자료II-1. 참고).

위의 내용은 병원에 따라 달라질 수도 있다. 예를 들면, 내과로 입원한 알코올중독 환자들은 자신이 왜 상담을 해야 하는지에 대한 거부감이 크기에 상담 전 알코올과 관련된 체크리스트(부록의 서식참조)를 환자에게 먼저 작성하게 할 수도 있다. 이는 개별상담 전에 환자의 문제를 미리 사회복지사가 알기 쉽게 평가하기 위해 작성한 것으로, 상담이 이루어지기 전에 환자의 궁금한 점을 체크하게 함으로써 상담과 교육이 자연스럽게 진행되는 장점이 있다. 환자들은 자신의 음주패턴에 문제가 있는지? 알코올중독 상태의 어느 시점에 와있는지? 등에 대해 알고 싶어한다. 단, 문제항목은 사회복지사의 개인적인 임상경험에 의해 만들어진 것이므로 모든 환자에게 일반화시킬 수는 없으며, 각 세팅의 특징에 따라(정신과, 내과) 변형시켜 활용할 수 있다.

〈자료 II-1〉 심리사회적 사정 서식

<table>
<tr><td colspan="2">등록번호

성명/성별</td><td colspan="2">Alcoholics Social Study
(Social Service)

Adm. date . . . - Dis. date . . .</td></tr>
<tr><td colspan="2">병동　호　침상</td><td colspan="2"></td></tr>
</table>

Ⅰ. 일반적 사항 (Preliminary Identification)

1.	성명(환자) :	성별(연령) :	（ 세)
2.	현주소 :		전화번호 :
3.	최종학력 :	종교 :	결혼상태 :
4.	현직업 :	근무기간 :	이전직업 :
5.	가족내 위치 :		군경력(남) :
6.	정보제공자 :		

7. 가족사항

관계	성 명	성별	연령	학력	직 업	종교	성 격	동거여부

8. 가족 내 병력: 환자의( ) 가 (알코올중독, 우울증, 정신분열증, 인격
장애, 기타)

Ⅱ. 병 전 성격 : 술 마시기 전 성격(Premorbid Personality)

Ⅲ. 주증상 (Chief Complaint) (☞ 참고 : 해당되는 증상에 ∨ 하십시요.)

1. 신체적 증상

1) 금단증상	2) 내성	3) 소화기관의 장애
▶오랫동안 과음 후 갑자기 술을 끊었을 때 나타나는 증상 ① 손 떨림 ② 식은 땀 ③ 긴장 ④ 쫓기는 기분 ⑤ 환청 ⑥ 환시 ⑦ 발작 ⑧ 기타	▶음주후기대하는효과를위해서다시음주 ① 매일 마신다. 　하루에 병(주류:　) ② 술이 깰 만하면 다시 마시고 참다 다시 마시는 것을 반복함. ③ 며칠 또는 몇 주일은 마시지 않다가 한번 마시기 시작하면 한동안 계속 마시며 폭주로 이어진다. ④ 기타	▶식사를 거의 하지 않는다. 위염, 위궤양 등 위장장애가 있다. 기타
		4) 간기관의 장애 ▶간염, 지방간, 간경화 등, 기타
		7) 신경계의 장애 ▶기억상실증상, 알콜성 다발신경염 (걷기 힘들고, 신경 말단의 무감각 또는 통증) 운동과 행동의 장애, 혼란, 졸도, 의심이 많다, 의처증, 피해적인 망상 등, 기타
5) 심장기관의 장애 ▶심근경색증 등, 기타	**6) 혈액기관의 장애** ▶출혈(식도,항문등)등, 기타	

2. 심리적 증상

1) 자기중심적이다. 2) 낮은 자신감, 자기 증오심 등으로 자만심을 나타낸다. 3) 매우 예민하다.	4)좌절을 견디지 못한다. 5) 원한과 분노에 잘 빠진다. 6) 두려움, 심한 공포감에 사로잡힌다.	7) 정직하지 못하다. 8) 현실을 받아들이는 능력이 없다. 9) 우울, 자살시도 여부

3. 행동적 증상

1) 조절능력, 자제력을 잃는다.
2) 술을 감추거나 몰래 마신다.
3) 가족, 직업, 사회생활에 피해가 간다.
▶ 가족을 괴롭힌다 가족 때문에 술을 마신다며 가족에게 감정적인 협박을 하거나, 직장 내. 지각을 하거나 결근을 자주 한다, 일은 꼼꼼히 잘하나 술로 인해 인정받지 못한다, 친구들이나 사회적인 관계를 줄이거나 회피한 채 주로 혼자 지낸다.

4) 도덕적 황폐화, 성격의 변화가 생긴다.
▶ 아무 데서 소변을 보거나 고성방가, 술로 인해 경찰서 출입 등, 욕설을 퍼붓는다, 공격적인 행동 때리거나 기물을 파괴, 다른 사람을 무시하며 독선적인 행동 등, 술 문제가 나타나기 이전의 성격보다 점점 다르게 성격의 변화를 느낀다.

5) 음주 후 행동에 대해 죄책감, 수치감을 느낀다.
▶ 술마신 후 나타난 행동에 대해 후회하거나 미안해하고 다시는 술을 마시지 않겠다 다짐, 맹세하지만 곧 다시 마신다.
6) 기타 :

IV. 과거력 & 현병력 (Past History & Present Illness)

1. 술을 처음 마시기 시작한 시기는? (Onset) __________ 세 때부터

2. 점점 심하게 마셔온 시기는? (Remote) ___________ 년 전부터

3. 최근 심하게 마셔온 시기는? (Recent) ___________ (년, 달, 일) 전부터

4. 과거에 내과나 정신과에 입원해 본 경험은? 있다, 없다.

① 첫 번째 : ____ (병원, 의원, 요양원, 기타), ____ 년 ____ 월부터 ____ 년 월까지

② 두 번째 : ____ (병원, 의원, 요양원, 기타), ____ 년 ____ 월부터
____ 년 월까지

③ 세 번째 : ____ (병원, 의원, 요양원, 기타), ____ 년 ____ 월부터
년____ 월까지

④ 네 번째 : ____ (병원, 의원, 요양원, 기타), ____ 년 ____ 월부터
년____ 월까지

⑤ 기 타 :

5. 현재 입원하게 된 주요인 (Precipitation Factor)

Ⅴ. 사회 · 경제적상태 (Socio - economic Stataus)

1. 환자의 직업기능

1) 직업기능에 손상이 있다.

2) 현재 직업이 있으므로 치료 후 계속 직업을 유지할 수 있다.

3) 직업은 현재 갖고 있지 않지만(기술, 자원) ________ 이 있으므로
술문제만 해결되면 앞으로 직업기능이 가능하다.

4) 직업기능을 기대하기보다는 문제만 일으키지 않았으면 좋겠다.

5) 현재 배우자가 경제적인 것을 해결하고 있으므로 치료만 되면 좋
겠다.

6) 기타 :

2. 경제상태

1) 전체 총 월수입

① 50만원 미만 ② 50-100만원 ③ 100-200만원 ④ 200만원 이상

2) 주택

① 자택 (아파트 / 주택   평), ② 전, 월세 (보증금   만원/   만원)

3) 생활비 부담자
① 환자본인 ② 배우자 ③ 부모 ④ 형제 ⑤ 기타

3. 입원기간 중 병원에 바라는 도움은?
1) 질병에 대한 이해
2) 환자의 증상치료 (신체적, 정신적, 심리적, 행동적)
3) 가족 내 문제
4) 환자의 일상생활 문제
5) 퇴원 후 사회적응 및 재활문제
6) 환자의 증상에 대처하는 방법
7) 기타:

VI. 개인력 (Personal History)

VII. 가족력 (Family History)

VⅢ. 사회사업가 소견 (Social Worker's Comment)

1. Interviewee's attitude :

  cooperative, active, submissive, distant, hostility, avoidant, resistant,

  evaisive, irritability, anxious, guilty, high expressed emotion……

2. Reliability :

3. Social Worker's Comment

사회복지사

＊출처 : 세브란스정신건강병원 사회사업실

2. 개입 중기 - 치료 내용

1) 환자에 대한 개입

알코올중독 환자의 회복은 술 없이 건강한 생활을 영위하는 방법에 대하여 배우는 것으로, 치료과정에는 여러 가지 어려움이 따른다. 알코올중독 환자들은 자신의 음주량을 솔직해 말하지 않고 단주의 필요성을 느끼지 않으며 부정의 방어기제를 쓸 뿐 아니라 의존적이며 적대감이 많고 자기중심적인 문제점을 보이는 경향이 많다.

일단 알코올중독 환자들이 병원에 치료를 받으러 오게되면 우선 술로부터 격리된 환경에 놓이게 되어 금단증상들을 집중관찰하고 신체적으로 건강한 상태가 되도록 치료한다. 이후 사회복지사들의 심리사회적 치료 및 집단교육을 통하여 단주를 위한 회복 프로그램에 참여한다.

(1) 해독과 약물치료

환자가 입원을 하면 먼저 몸 속의 알코올을 제거하기 위한 해독치료를 시행한다. 이는 금단증상을 예방하고 알코올로 인해 발생된 신체적인 문제를 해결하는 과정이다. 해독치료의 원칙은 지지적 치료, 영양보충, 금단증상 예방치료가 있다.

알코올중독자는 지속적인 음주로 인하여 영양상태가 결핍되어 있고 신체적인 문제가 많아 충분한 영양과 수액 공급이 반드시 이루어져 한다. 단주 후 3~4일 후부터 금단증상이 발생할 수 있기 때문에 알코올과 교차내성(cross-tolerance)이 있는 벤조다이아제핀계 약물을 투약하고 시간이 경과함에 따라 용량을 줄임으로써 금단증상을 예방할 수 있다. 또한 기억력 장애를 포함한 알코올 유발성 정신병을 예방, 치료하기 위하여 다량의 비타민 제제(티아민, 비타민B 복합제, 비타민 C)를 필요로 하며, 항정신병 약물이 필요할 수도 있다.

또한 알코올 해독 치료 이후에도 갈망(craving) 욕구를 억제하기 위하여, 'naltrexon, acamprosate' 등의 약물을 사용하기도 한다. 과거에는 'disulfiram 제제'(흔히 알코올 스톱이라고 알려짐)를 사용하는 회피 요법을 사용하기도 하였으나, 위험성의 문제로 현재는 자주 사용하지 않는다.

이 밖에도 알코올로 유발된 기분, 불안, 정신병적 장애 등을 치료하기 위하여, 각각의 질환에 준하는 치료방법으로 항우울제나, 항불안제, 항정신병 약물들을 사용해야 할 경우도 있다.

(2) 심리사회적 치료

알코올중독자에 있어서 단주는 두 가지 의미로 나누어 볼 수 있다. 첫째는 술을 마시지 않는 상태이며, 둘째는 알코올로 인해 파생된 심리사회적 상태 전반에 대한 회복을 의미한다. 경우에 따라서는 심리사회적인 문제가 음주를 반복하는 요인이 되기도 하며, 단주 상황에 있다 하더라도 변화되지 않은 사회적 상황으로 인해 재발되는 경우도 있다. 이는 알코올중독이 단주와 더불어 복합적인 문제를 지니고 있으므로 다각적인 접근을 필요로 하는데, 회복단계에서 나타나는 문제나 특성들에 대한 전문적 개입이 없다면 알코올중독자들의 사회복귀 또한 매우 어렵다는 것이다.

　따라서 알코올중독 환자의 회복은 단순히 술을 끊는다는 것(abstinence)에서 그치는 것이 아니라 알코올중독으로 인해 손상된 포괄적인 의미(Brown, 1985)의 회복을 위한 치료적 개입이 필요하다는 것을 의미한다. 다음은 심리사회적 프로그램의 예이다.

① 개별상담

　알코올중독 환자 치료의 시작은 먼저 치료자와의 치료적 관계(rapport)의 성립으로부터 시작된다고 볼 수 있다. 대부분의 환자들은 개별상담을 통해 자신을 솔직하게 드러내는 데 이때 치료자도 환자와의 면담을 통해 의미 있는 치료적 관계를 만들어갈 수 있다. 따라서 환자 개개인에게 관심을 갖고 자주 개별적인 접촉의 기회를 갖는 것이 좋다.

　환자들이 입원기간 동안 보편적으로 보이는 문제들은 입원비 문제, 가족 간의 심각한 갈등, 이혼, 법적인 문제, 퇴원 후 거주지가 없는 경우, 치료에 대한 저항감, 병실생활의 부적응 등이다. 이 밖에도 집단치료 상황에서 드러나는 다양한 문제들도 개별상담을 통해 접근해 간다.

② 집단치료

집단치료는 알코올치료에서 가장 많이 선택하는 치료방법 중의 하나이다(Galanter & Kleber, 1994). 환자들은 치료시간에 '지금 여기에(Here and Now)'의 관점에서 상호작용하게 되며, 이러한 과정을 통해 방어기제에 대한 직면과 함께 구성원 간의 신뢰를 증가시킨다. 또한 치료자로부터 환자들은 자신의 느낌을 언어화하도록 권장 받으며 치료진 및 타 환자들의 피드백을 통해 병식(insight)를 향상하고 방어적인 태도와 현실의 문제에 대해 직면(confrontation) 할 수 있도록 지지 받는다.

집단치료의 형태는 첫째, 주제를 함께 정하여 이야기하는 형식으로 진행 될 수 있다. 예를 들면, 아래와 같다.

· 알코올중독자와 일반 음주자의 차이는 무엇인가?
· 알코올중독은 유전되는가?
· 사람들이 술을 권할 때 나는 알코올중독자라고 밝히는 것이 좋은가?
· 중독자는 의지가 약해서 술을 끊지 못하는 것인가?

다른 구성원의 말을 경청하며 상호작용을 통해 음주문제를 인식해 간다.

둘째는 구조화된 자료를 통해 단계별 또는 과정별 인지치료를 실시하는 것인데 예를 들면(Ronald K & Kathleen C et al. 1995) 아래와 같다.

· 음주에 대한 갈망과 충동에 대한 대처
· 술에 대한 생각과 합리화에 대한 관리
· 문제해결
· 비난에 대한 대처와 수용
· 분노감정을 인식하고 다루기
· 부정적인 기분과 우울 다루기
· 음주 거절하기 기술
· 위기상황에 대한 계획과 재발에 대한 대처

환자들은 치료시간 전에 미리 나누어 준 질문지에 자신의 경험과 생각을 정리하여 발표하고 다른 구성원이나 치료자에게 피드백을 받는 등 스스로 음주문제의 해결점을 발견해 간다.

③ 알코올중독과 관련된 교육
알코올중독 환자들이 입원초기 또는 치료과정 중에서 보

이는 강한 저항 가운데 하나는 "나보다 더 술을 많이 마시는 사람도 많은데 어디까지를 알코올중독이라고 하느냐"라는 것이다. 환자들의 이런 저항은 누구나 쉽게 술을 접하고 술을 마시는 환경 속에 놓여있기 때문이라고 볼 수 있다. 따라서 알코올중독에 대한 의학적 지식과 관련된 교육은 중독자 자신이 객관적으로 자신의 알코올중독 상태를 자가진단할 수 있도록 도와야 한다.

교육내용은 강의를 통해 알코올중독의 진단기준, 증상, 원인, 음주로 인해 발생하는 다양한 문제들로 구성한다. 또한 비디오 시청각 교육은 환자들에게 영상을 통한 현실감 있는 알코올중독 문제를 볼 수 있도록 하므로 환자들의 반응은 진지하다. 술 취한 후의 자신들의 모습, 중독증상, 난폭한 행동이나 실수, 가족들의 괴로움 등 음주의 부정적인 결과들을 객관적으로 재조명하고 반성하는 기회가 된다. 시청각교육은 조용한 치료실에서 주 1회 정도 실시하며 시청 후에 치료자는 반드시 의견과 생각을 나누고 "시청각 내용 가운데 어느 부분이 자신과 같다고 봅니까?" 또는 "중독과 관련이 있다고 보이는 부분은 무엇입니까?" 등 질문을 하여 각자의 현재 상황을 직면할 수 있도록 이끌어 간다.

④ 사회기술 훈련(Social Skills Training)

음주문제로 입원하는 환자의 가족들에게 환자가 술을 마시지 않을 때의 생활태도나 성격에 대해 물어보면, 대부분 환자가 평소 말이 없고 조용하며 내성적이어서 술만 마시지 않으면 전혀 문제가 없다고 말한다. 어떤 가족들은 환자가 술을 마시지 않을 때에는 '새색시' 같다고 표현하기도 한다. 반면 술을 마시면 말이 거칠어지고 오래된 과거의 사소한 일까지 들추어 내어 불만을 이야기하고 행동이 난폭해 진다고 호소한다. 환자들도 자신은 술을 마시지 않고 있을 때는 말이 없고 내성적인 성격이라고 말한다.

그러나 가족들의 말처럼 술을 안 마시면 전혀 문제가 없다고 생각하는 것은 술문제가 워낙 심각하기 때문에 술을 마시지 않는다면 다른 것은 무엇이 문제가 되든 참을 수 있다고 생각하는지도 모른다. 그런데 막상 환자가 술을 끊고 생활하는 동안 가족들은 환자의 부적절한 자기표현이나 대처능력의 결손으로 이전보다 더 힘든 문제에 직면하기도 한다(한광수, 1999).

이와 같은 알코올중독자의 공통적인 특징은 술로 인해 반복되는 잦은 실수와 주변 사람들로부터의 비난에 대한 대처로 사람들을 피하고 주변 사람들과의 관계를 스스로 단절시키는 결과로 이어져왔다고 볼 수 있다. 따라서 단주를 하는 동안에도 환자는 사회적 기술의 결손으로 인해 대인관계에서 겪는 어려움 때문에 다시 술을 마시기도 한다. 이에 환자들에게는 술을 마시지 않고 자신의 부정적이거나 긍정적인 감정을 표현하기, 음주에 대한 비판 수용하기, 술 거절하기, 자기주장하기 등의 내용을 훈련에 포함시키는 것이 필요하다. 이러한 사회적 태도와 행동의 변화는 건강한 단주생활로 연결되도록 도와준다.

⑤ 스트레스 대처훈련(Stress Management)

일반적으로 사람들은 스트레스를 받으면 나름대로 다양한 대처 방법을 갖고 상황을 극복해 나간다. 예를 들면, 잠을 자거나 여행을 하거나 소리를 지르거나 적당히 술을 마시기도 하며 스트레스를 풀고자 한다. 하지만 알코올중독 환자에게 있어서 스트레스를 풀기 위한 방법은 '술을 마시는 것' 외에 다른 선택을 하지 않는다. "사업이 잘 안돼서 마셨다", "속상해서 마셨다", "불쾌한 감정을 잊어버리기 위해 마셨다" 등의 이유가 있지만 환자들의 이런 음주습관은 주변 사람들로부터 더욱 고립되게 만들고 이러한 고립은 또 다른 스트레스 요인을 만든다.

따라서 환자들의 치료와 사회적 재활에 다양하게 영향을 미칠 수 있는 개인의 스트레스 대처방법을 검토하게 하고, 새로운 대처방법을 학습함으로써 보다 효율적으로 스트레스를 다루고 자기관리를 할 수 있도록 돕는다. 특히 강조하는 메시지는 '술을 스트레스 대처의 기제로 사용하지 않고 다른 건전한 대처기제를 활용할 수 있다'는 것이며 구체적인 방법을 제시해 주는 것이 무엇보다 중요하다.

⑥ 인간관계 훈련

알코올중독자에게 음주로 인해 인간관계에 어떤 변화가 있었는가? 라고 질문하면 대개의 환자들은 인간관계에는 문제가 없으며, 대인관계에 있어서 오히려 술이 도움이 되고 있다고 말한다. 하지만 실상은 알코올중독자들의 대인관계가 사람 중심이 아닌 술 중심으로 이루어지기 때문에 긍정적이고 의미 있는 인간관계를 맺지 못하며 가까이 있는 가족들과도 부정적이고 왜곡된 관계를 보인다. 때로는 인간관계에서 사람들을 필요로 하지만 가까이 접근하기를 두려워하고 깊은 관계를 맺는 데 곤란을 겪는다.

따라서 평상시 자신의 대인관계에 미치는 부정적인 요소는 무엇인지? 다른 사람들은 나를 어떻게 생각할 것인지? 자신의 대인관계 양상은 어떤지 등에 대해 검토하도록 한다. 그러므로 주변 사람들과의 대인관계에서 자신의 힘을 인식하게 하고 이를 북돋아 줌으로써 긍정적인 자아개념을 발전시키도록 도와준다(이근후, 박영숙, 1990).

⑦ 운동요법

알코올중독 환자의 대부분은 술을 마시는 동안 밥을 전혀 먹지 않으며 음식을 먹으려 해도 속에서 받아들이지를 않는다. 음식을 섭취하지 않은 중독자는 의학적인 질병을 불러올 뿐만 아니라 신체적으로도 몹시 허약하다. 다리에 힘이 없어서 헛발을 디디거나 감기도 쉽게 걸리며 운동시간에 공차기를 하는 중에도 종종 다리를 삐는 경우가 많다. 그러므로 병동에 헬스기구를 갖추고 환자들이 규칙적으로 운동할 수 있도록 권하기도 하는데, 입원기간 동안 치료자는 환자들의 체력회복에도 관심을 기울여야 한다.

⑧ 자조모임 지원(A.A, Alanon & Alateen)

가. A.A(Alcoholics Anonymous)

재발률이 높다는 것은 입원치료 후에도 계속적인 사후관

리가 필요함을 의미한다고 볼 수 있다. 그러나 알코올중독의 경우 병원에서 퇴원하면 치료자는 환자를 도와주고 싶어도 여러 가지 여건상 환자와의 접촉이 어렵다. 이럴 때 치료자는 퇴원하는 환자를 보며 물가에 내놓은 부모의 심정이 되어 안타깝기 마련이다.

더구나 우리나라에는 알코올 중독자를 위한 지역사회 재활 시설이나 기관이 거의 없으므로 사회사업가는 A.A를 많이 의지하게 된다. A.A는 비록 의학적인 치료요법은 아니지만 중독자의 사후지도에서 있어서 재발을 예방하는 데 매우 중요하고 가장 큰 비중을 차지한다.

단주의지를 보이는 환자에게 사회사업가는 환자를 병원의 A.A 메시지 모임에 참여할 수 있도록 격려하여야 한다. 만약 병원 내에서 메시지 모임과는 별도로 A.A그룹 모임이 있다면 정기적으로 참석할 수 있도록 다른 치료팀원에게 알리고 대개 저녁시간에 하는 A.A모임에 참석하도록 도와준다.

그러나 지역에 따라 병원과 멀리 떨어진 곳에 모임이 있다면 보호자와 동행하여 참석할 수 있도록 하거나, 사회사업가가 개인적인 시간을 할애하여 퇴원 전 모임에 가서 미리 분위기를 익힐 수 있도록 하는 것도 퇴원 후 환자가 자연스럽게 모임과 접촉하게 하는 방법이다.

알코올중독 환자들이 치료를 마치고 퇴원하게 되면 병원을 떠남과 동시에 치료가 중단되는 경우가 많고, 치료자들도 환자를 위해 사후지도를 해 줄 만한 근거를 찾기가 어렵다. 그런 의미에서 알코올중독자의 치료과정에서 사회사업가들이 반드시 알아야 할 것 중의 하나가 A.A이다. A.A로 환자를 연결하는 것은 사회사업가에게는 사후(follow-up) 지지체계 확립을 위해 매우 유용하며, 환자에게는 단주생활을 유지할 수 있는 중요한 정보가 된다. 그렇다면 A.A는 어떻게 접촉해야 할까?

첫째, A.A에 대한 자세한 정보를 얻기 위해 사회사업가는 서울 태평로에 있는 A.A 연합사무실[1]에 전화를 하거나 직접 찾아가 필요한 도움을 요청하면 된다. 사무실에는 아침 9시부터 오후 7시까지 상주하고 있는 알코올중독자가 전화를 받으며 A.A에 대한 상세한 정보를 제공해주고 요청하면 A.A 관련 소책자를 보내준다. 또한 알코올중독과 관련된 시청각 교육용 비디오테이프와 도서(익명의 알코올중독자들, 12단계 12전통 등)등을 구입할 수 있다.

둘째, A.A는 단주모임과 A.A 메시지 전달을 통한 두 가지

---

1) A.A 연합사무실 전화번호는 '02-774-3797' 이다.

성격의 회복 프로그램을 갖고 있다. 단주모임은 전국적으로 이루어지고 있으며(부록의 전국일람표 참고) 술을 끊기를 열망하는 회원들이 서로 간의 경험과 힘과 희망을 함께 나누며 단주생활을 유지해 가는 모임이다. A.A 메시지는 치료기관에 있는 알코올중독자들에게 자신의 경험담을 들려주고 A.A에 대해 알려준다.

A.A 메시지를 치료기관에서 받기 원하는 경우 먼저 A.A 연합사무실에 도움을 요청한다. 그러면 연합사무실에서는 A.A 산하 병원위원회를 통해 협심자(A.A를 통해 회복중인 알콜중독자를 부르는 말)를 각 치료기관에서 메시지를 전할 수 있도록 안내해주거나 치료기관과 가까운 곳에 있는 A.A 그룹들과 연결해주어 메시지를 받을 수 있도록 도와준다. 메시지를 전하는 협심자들에게는 사례금을 지불하지 않아도 되는데 이는 A.A의 전통상 어떠한 사례금이나 기부금을 받지 않는다는 것을 원칙으로 하고 있기 때문이다. 그러나 치료기관에 따라 치료기관의 식당에서 식사를 하도록 배려하거나 음료를 제공한다. 협심자들은 메시지를 전하며 과거 자신의 중독상태를 회상하고 현재 입원중인 알콜중독자들을 보며 단주의지를 강하게 하는데 본인들도 큰 힘을 얻는다고 믿는다.

병원 메시지를 받는 경우 사회사업가는 협심자들이 메시

지를 전할 수 있는 조용한 공간을 제공하고 모임에 함께 참석할 수는 있으나, 메시지 과정에 대해서는 협심자들에게 맡기고 관여하지 않는 것이 좋다. 이 밖에도 메시지를 받는 과정에서 협심자가 입원중인 환자에게 후원자 역할을 해주는 경우가 있는데, 이는 협심자가 환자에게 관심을 갖고 일대일로 정서적 지지를 제공해주며 환자가 단주에 도달하도록 도움을 주는 것으로 메시지 시간 외에도 환자와 후원 협심자의 만남을 허용하거나 주선해 주는 역할도 필요하다.

마지막으로 알코올중독자를 도와주고 있는 사회사업가라면 서울의 연합사무실이나 A.A모임에 직접 찾아가 알코올중독자의 경험담을 경청해 보기를 권한다. 이는 A.A의 분위기를 익히고 이해하는 데 많은 도움이 될 것이다.

나. Al-Anon과 Alateen

Al-Anon은 A.A와 같은 자조모임으로 알코올중독자들의 가족과 친척, 친구들이 그들의 공동문제를 해결하기 위하여 서로 간에 경험과 힘과 희망을 함께 나누는 친목모임이다. 가족친목의 목표는 알코올중독자들의 가족을 돕는 것이며, 그들이 서로 돕고 위로하며 알코올중독에 걸린 가정에서 슬기롭게 살 수 있는 방법을 배운다. Alateen 은 자녀들의 모임이다

(모임장소는 부록참고).

2) 가족에 대한 개입

알코올중독의 가족치료는 환자가족의 알코올중독 치료의 동기부여와 함께 가족 내 상호작용하는 역기능적 양상을 알아내어 환자와 더불어 가족 또한 역기능적 양상에 대한 치료를 실시하고자 함이다. 궁극적으로 알코올중독 질병은 가족체계로부터 치료과정에 들어와서 다시 가족체계로 돌아가는 가족병이므로 환자뿐 아니라 환자가족들의 인생의 질 자체를 향상시켜 보다 나은 삶을 살 수 있도록 돕는 것을 치료의 목표로 하고 있다. 따라서 알코올중독 환자 치료뿐 아니라 알코올중독 환자의 가족 또한 치료하는 데 목적이 있다.

환자와 가족의 (1) 사회인구학적 평가 (2) 과거력 (3) 입원 동기 (4) 과거 및 현재의 정신증상 평가 (5) 신체증상 평가 (6) 가족력 (7) 환자의 알코올중독 및 부작용의 양상파악과 가족의 역기능적 양상파악 (8) 가족기능 및 가족결속력 (9) 생활기능 및 만족도 (10) 인성검사 등. 입원 시 환자 및 가족의 평가를 통해 환자 및 가족이 가지고 있는 모든 자원 및 한계를 파악하여 그 가족에게 특정한 치료적 전략을 수립한다.

알코올중독이 가족에게 주는 영향과 가족이 알코올중독 증세의 악화, 지속, 치료 및 회복에 주는 영향은 상호 순환적이기 때문에 알코올중독 치료에 있어서 가족의 개입은 매우 필수적이다. 즉, 환자 배우자의 행동이 더욱 병리적인 음주행위를 지속적으로 유지하도록 조장하는 역할을 하며 때로는 가족 전체가 알코올중독 증세를 악화시키는 데 강하게 기여한다.

알코올중독 환자가족의 이러한 병리적인 기능에 대한 첫 번째 치료적 접근은 음주를 중단하게 하는 것이다. 따라서 가족은 스스로를 재구조화할 수 있고 이전의 건강한 수준으로 기여할 수 있게 된다. 두 번째 치료적 접근은 가족에 대한 교육과 가족과의 협력관계(치료적 동맹관계)를 발전시켜나가는 것이다. 이에 따라 가족들은 자신의 갈등이나 혼란에서 벗어나는 기회를 가지게 된다. 이렇듯 환자와는 상관없이 가족들이 변화를 일으키기 시작할 때 알코올중독자 자신들도 스스로 단주할 수 있는 가능성을 찾게 된다. 따라서 성공적인 알코올중독의 치료는 전체 가족을 치료체계에 개입시키는 기회를 제공할 수 있어야 하며 가족문제와 음주행위 사이의 잠재적인 연관성을 조사해야만 한다.

결국, 알코올중독은 친밀하고 밀접한 가족관계에 부정적인 영향을 미치는 가족병으로 이 질병을 치료하기 위해서는 환자가족 또한 알코올중독이 신체적, 정신적, 심리적, 행동적으로 어떠한 영향을 미치는 질병인지 인식하게 하고 환자가 문제해결점을 찾도록 이끄는, 환자의 치료과정 속에 가족을 포함시키는 것을 말한다. 따라서 환자 가족이 알코올중독이라는 가족병의 영향으로 자신의 가족에게도 나타나는 역기능적인 양상에 대해서 가족 스스로 인식할 수 있도록 돕고 변화할 수 있도록 가족기능을 돕는 것이다.

(1) 초기 개입에서 가족이 알아야 할 점

알코올중독은 만성적이고 진행적이며 치명적인 가족병(family disease)으로, 알코올중독 치료는 공동의존 상태에 있는 가족이 치료에 협조적이어야만 치료가 가능한 질병임을 인식시킨다.

① 가족병(Family Disease) 이해시키기

알코올중독은 친밀하고 밀접한 가족관계에 해를 끼치고 중독자만큼이나 가족 내 다른 구성원의 기능이나 역할에 손상을 입히기 때문에 가족병(Family Disease)이라고 한다. 가족들은 알코올중독 환자의 육체뿐 아니라 대인관계까지도 병들게 한다는 사실은 이해하면서도 가족자신이 알코올중독 환자의 행동 속(대부분의 증상)에 있고 알코올중독 환자의 행동에 반응하게 된다는 사실은 인지하지 못한다. 나타나는 양상으로는 가족은 알코올중독 환자를 조절, 보상, 숨기려하고 자신을 비난하며 상처를 받기도 하고 그 결과 불안을 느끼게 된다. 이러한 과정을 환자 가족의 개개인에 맞게 초기 접수(intake)시에 명확히 집어주면서 불안의 요소들을 제거시키는 개입(가족병에 대한 교육치료)을 한다. 즉, 질병 속에 반응하고 있는 가족들의 역기능적 반응 고리를 끊어주는 가족 개입을 한다.

② 공동의존(Co-Dependency) 이해시키기

대부분의 알코올중독 환자의 가정에서 나타나는 양상(pattern)을 살펴보면, 알코올중독 환자의 부인은 "환자가 가정생활을 파괴한다"고 비난하며 환자는 부인이 빚어내는 "문제의 가정에서 적응하기 위해서 술을 마시지 않을 수 없다"고 합리화시킨다. 이는 부부가 서로 비난하고 책임을 전가시켜 환자의 알코올 문제는 더욱 심화되고 배우자는 상처를 입게되며 알코올 문제는 해결되지 않는 채 이러한 잘못된 양상은 계속 지속되는 결과를 초래하게 된다. 즉, 알코올중독 환자는 단주와 폭주를 반복하게 되고 부인은 이러한 어려운 상황을 도피하려는 노력과 함께 병든 환자를 도와야만 된다는 양가감정을 가지게 된다. 이러한 과정에서의 치료적인 개입은 우리 가족에게 나타나는 공동의존 고리가 무엇인지 인식시키는 것이다. 술 문제가 빠져있는 상태에서 서로의 감정만을 다루고자하는 것이 알코올중독 가족에서 흔히 나타나는 양상이라고 할 수 있다. 문제의 근원이 되는 여러 가지 반응들은 그 밑바닥이 '술 문제로 인한 것이었다' 는 것을 인식시키고 공동의존 고리를 끊도록 하는 개입을 한다.

③ 가족을 알코올중독 환자 치료에 참여시키기

알코올중독 가족치료는 알코올중독 환자로 인하여 공동의존(co-dependency)된 역기능적 양상을 바꾸도록 노력하는 것을 말한다. 즉, 환자의 치료와 함께 환자의 가족도 변화되어야 한다. 그러기 위해 가족이 노력해야 할 부분은, 환자의 치료를 병원에서 모든 것을 담당하는 것이 아닌 가족 자신의 행동양상이 바뀌어서 가족도 치료에 동참하고 보조치료자 역할을 할 수 있도록 환자의 가족을 돕는 것을 말한다. 알코올중독 가족개입은 환자뿐 아니라 가족 또한 점진적으로 인식, 수용, 변화가 일어나는 하나의 치료과정이다.

가족을 치료에 협조시켜 환자뿐 아니라 가족 스스로 자기 자신의 방어와 역기능을 인식하고 수용하도록 지지한다. 가족면담(family session)에서 공동의존으로 인한 충동들을 직면시키고 경험한 감정들을 표현함으로써 그 감정을 다시 경험하고 그 과정을 통해서 자기용서와 자기수용, 원한과 슬픔을 표현시킨다. 또한 건강문제, 스트레스와 관련된 만성적 증상 치료 등 공동의존 증상에 대한 치료 목표를 개별상담과 가족면담을 통해서 개입한다.

(2) 단계별 치료적 개입(Family Session)

① 1단계 : 질병으로서의 알코올중독

환자의 술문제, 술과 관련된 제반 문제들 속에서 환자의 문제와 가족 자신들의 힘들었던 점들을 치료자에게 꺼내놓고, 그동안 나타났던 환자 및 가족의 변한 행동이나 성격적인 부분들이 알코올중독의 질병임을 인식시킨다.

② 2단계 : 가족병으로서의 알코올중독

환자의 가족은 환자의 술문제로 인해 가족 자신의 감정을 제대로 표현해 보지 못하고, 환자의 기분이나 태도에 따라 반응했던 것과 가족 스스로의 감정과 고통들에 대해서 인식시 킴과 동시에 가족 또한 기능의 손상을 입게되는 가족병임을 인식시킨다.

③ 3단계 : 공동의존으로서의 알코올중독

환자의 술 마신 후 나타나는 행동과 성격적인 부분들에 따 라 반응하는 환자 가족의 생활 및 행동양상에 대해 해석해 줌으로써 알코올중독이 가족병이고 공동의존 상태에 있음을 인식시킨다. 즉, 가족도 환자의 술 문제에 의해 변화되었다는 점을 인식시킨다.

④ 4단계 : 환자의 방어기제에 따른 역기능적인 가족양상

알코올중독에 대해서 가족의 인식이 생기면, 환자가 중독된 상태에서 보이는 부정, 합리화, 감정적인 협박 등에 대해서 솔 직하게 "당신의 이러한 점이 문제다"라고 이야기해 볼 수 있 도록 도와주며, 가족들이 환자의 알코올중독 증상에 반응하 여 갖게 되는 책임감, 죄책감, 소외감, 고립감 등 환자의 술 문 제로 인해 가족이 느끼는 힘들었던 점들에 대해서 환자와 함 께 털어놓고 이야기할 수 있도록 용기를 주며 이러한 과정을 통해 환자 및 가족이 회복되어 간다는 것을 인식시킨다.

⑤ 5단계 : 문제해결 방법 및 의사소통 기술

입원 초기에서부터 치료과정을 마칠 때까지 반복적으로 경험하게 한다. 이는 환자와 함께 살아야 하는 배우자와 가족에게 환자와의 의사소통 기술을 증진시키기 위함이다. 또한 궁극적으로는 공동의존 상태에 있는 가족의 보다 직접적인 감정표현과 태도변화가 있어야만 알코올 문제에 있어 해결점을 찾는 방법을 익힐 수 있고 이를 통해서 치료가 되는 질병임을 인식시켜야 하기 때문이다.

(3) 치료과정에서 나타나는 문제점에 따른 개입

알코올중독에 대한 올바른 병식(insight)과 함께 알코올중독 환자 및 환자가족의 역기능적 양상(pattern)을 반드시 다루어 주어야만 한다.

① 가족은 환자에게 책임이 있음을 분명히 알면서도 그 책임을 대신해주며 잘못된 인식과 정신병원까지 입원시키고도 알코올중독을 심각하게 생각지 않는다. 또한 환자의 생활상의 태도변화(심리. 정신적. 행동적)를 기대하기보다는 단지 술만이 문제가 된다고 생각한다. 이는 가족의 혼란과 함께 알코올중독에 대한 잘못된 이해로

환자를 더욱 심한 알코올중독에 빠지게 한다.

[사례]

알코올중독자의 배우자는 "내가 내조를 잘하면 술 먹지 않겠지", "우리 남편은 그렇게 심하지 않아, 단지 술을 좋아할 뿐이야"라고 반응하며 환자의 술문제의 심각성을 인식하지 못하고 단지 술만 끊으면 모든 것이 해결되리라 잘못 인식한다.

■ 개입

알코올중독은 흔히 말하는 질병(암, 당뇨, 결핵, 심장병 등)과는 전혀 다르게 반응한다. 육체적인 질병에 걸리면 그 병에 대해서 알고자 노력하고 치료받기를 원하지만 불행히도 알코올 환자들은 병에 걸렸다는 명백한 증세가 나타나도 치료받기를 거부하고 부인한다. 이러한 양상은 환자 가족도 마찬가지로 나타난다. 알코올중독에 대한 편견으로 가족은 "그 정도는 아니야, 아직은 괜찮아"라고 스스로를 위로하고 정신병원에 입원하는 것을 수치스러워하기 때문에 치료의 기회를 제대로 받지 못하는 점과 환자가 보이는 신체적, 심리적, 정신적, 행동적 증상에 대해 올바른 병식과 함께 환자 가족이 취했던 태도들에 대해 인식시킴과 동시에 가족의 역기능적 양상을 드러내줌으로써 가족도 부정하고 있다는 사실을 알려준다.

② 가족병으로서 환자의 가족체계 자체가 변화되어야함을
   알코올중독자의 부정과 같은 방어기제로서 인정하지
   않는다.

[사례]

알코올중독자가 "나는 아무 문제없어, 그러니 부인이 잘 해주고 주위환경이 변하고 사회가 변하면 나는 술 먹지 않아"라고 하는 것과 마찬가지로 가족은 "내가 무슨 문제가 있어, 남편이 술만 먹지 않으면 모든 일이 해결된다"라고 부정하며 가족 자신이 환자에게 반응하며 환자와 함께 변화된 성격적인 부분을 인정하지 않는다.

■ 개입

공동의존 상태에 있는 가족은 "병의 원인이 가족의 잘못에서 오고 알코올중독을 치료하는 것도 가족의 책임이라 생각하며 괴로워한다" 가족이 원인이나 책임이 있는 것이 아니라 단지 이 질병 자체가 환자 및 가족을 와해시키고 서로 간에 감정적인 피해를 입히는 질병임을 인식시켜야 한다. 또한 알코올중독 질병을 치료하기 위해서 환자와 함께 가족이 스스로 노력해야 하고 가족 구성원 각자가 자신을 잘 돌보고 스스로에게 충실해야 하며, 알코올중독은 반드시 치료될 수 있는 질병임을 인식시킨다.

③ 알코올중독 환자의 가족은 공동의존으로 역기능적으로 양상화 된 것을 인식하려 하지 않고, 인식하였다 하더라도 쉽게 그 양상을 바꾸기를 꺼려한다.

[사례]

"남편이 술 먹고 일을 못해서 내가 대신 경제적인 일을 맡아 하는 것이고, 집안의 평화가 깨지니 순종해야 되며, 함께 싸우면 행패부리니 내가 참아야지" 하며 감정적으로 동화되어 문제를 축소화하며 경제적이든 사회적이든 환자의 모든 것을 대신 감당하려 한다.

■ 개입

알코올중독 환자의 가족은 환자와의 관계에서 치료자가 환자 치료뿐 아니라 가족의 역할까지도 대변해 주기를 바라며 의사소통까지도 치료자가 대신해 주기를 바란다. 이는 환자와의 관계가 강제 입원이나 집에서 보였던 환자의 행동으로 인해 다시금 좋지 못한 결과를 초래할까봐 걱정하는 불안에서 오는 것이다. 치료자는 환자가 술을 마시는 것을 본 적이 없고, 환자를 가장 잘 알고 있는 사람이 가족이며 술 마신 후의 행동에 대해서도 환자의 가족이 더 잘 알고 있음을 지지해주어 가족이 환자의 부정을 막게 하는 중요한 치료적 요소라는 사실을 인식시킨다. 알코올중독자와 집안에서 벌어졌던 일들, 면회하면서 나타나는(환자의 입원이유, 퇴원요구, 환자와 가족의 특정한 내용 등) 환자 및 가족의 생활 양상과 의사소통 기술 등을 환자 및 가족이 스스로 직면하고 해석할 수 있도록 돕는다. 이러한 과정들이 직접적인 의사소통이고 환자가족의 건강한 직면과 감정표현이 가족 스스로 변화되는 것임과 동시에 환자의 치료에 도움이 됨을 인식시킨다.

④ 환자들의 감정적인 협박을 그대로 받아들이며 이러한 양상을 질병의 증상임을 인식시켜도 환자의 가족은 불안해하며 환자의 증상에 그대로 반응하여 치료 자체를 중단하게 된다.

[사례]

치료과정 중에 수시로 나타나는 환자의 감정적 협박 "퇴원하면 부인을 입원시키겠다", "내가 치료될 것 같으냐? 내가 마음먹기 나름이지", "퇴원하면 당장 이혼하겠다"며 환자의 가족을 혼란시킨다. 또한 "병원에서 해 주는 것 하나 없다" "알코올중독 환자에게는 약도 주지 않는다" "병원에서 고치는 것이 아니라 내 의지가 있어야 한다" 라는 알코올 환자의 부정을 사실이라 믿고 환자와 함께 치료자에 대해 적개심과 계속되는 의심을 갖게 되며 누구의 말을 들어야 옳을지 환자와 치료자 사이에서 혼란을 겪게 된다. 이는 알코올중독이 마치 환자자신의 의지로 고칠 수 있는 질병인 것처럼 가족과 퇴원을 매개체로 알코올 게임을 하게 된다.

⑤ 알코올중독자 가족은 알코올중독에 대한 이해부족으로 치료자의 진단이나 판단이 아닌 알코올중독 환자와 마찬가지로 가족들이 진단하려 하고 환자상태를 판단하려 한다.

[사례]

가족들 특히 배우자의 경우 "우리 남편은 내가 잘 안다. 그동안 의지가 약하고 스트레스가 많아서 마셨지, 마시지 않는다고 맹세하니 이 정도면 치료된 것 같다", "어느 정도 신체적으로 회복되었으니 퇴원하겠다", "자기가 사람이면 한 말에 대해 책임을 지겠지, 이 정도면 정신 차렸겠지" 등 환자의 상태와는 관계없이 환자가족의 욕구가 어느정도 만족되면 치료를 중단하게 된다.

■ 개입

④, ⑤의 경우 치료과정 중 빈번하게 나타나는 문제로 이것 또한 가족병의 병리적인 증상으로 알코올중독은 다른 질병

과는 달리 치료자의 말보다는 환자의 말을 그대로 믿고 치료자를 신뢰하지 못하는 경우가 많이 나타난다. 이는 그동안 공동의존 상태에 있어 감정이나 표현에 그대로 반응하여 환자의 가족은 올바른 판단을 하지 못하는 경우가 생기기 때문이다. 알코올중독이 얼마나 심각하고 교활한 질병임에 대해 다시 한 번 올바른 병식을 주고 동시에 환자뿐 아니라 환자의 가족과도 신뢰를 바탕으로 한 치료적 동맹관계 형성하도록 유도하여야 한다. 올바른 병식을 인식한 가족은 치료과정이 계속 진행되나 환자의 행동양상에 반응하는 가족은 치료의 기회마저 중단된다. 이러한 이유에서 제대로 된 충분한 치료를 받지 못하고 퇴원하는 경우(discharge against advice)가 되며 결국은 재발과 재입원 반복으로 이어진다.

(3) 집단가족치료(Group Family Therapy : Alcohol Dependency)

집단가족 개입은 각 병원의 실정에 따라 집단모임을 실시하거나 Al-Anon모임으로 대체하기도 한다. 가족이 함께 집단에서 응집력을 갖고 모임이 운영되지 못하는 단점이 있기도 하다. 이는 가족 스스로의 문제라고 명명화하는 것을 피하려는 특성과 생활상의 문제들을 배우자가 처리하고 있기에 시간의 할애가 불가피하게 느껴지기도 하기 때문이다. 환자 가족의 개개인의 특성을 살려 시간과 열의가 충분한 가족을 중심으로 모임을 운영하며, 더욱이 중요한 것은 개별가족상담으로 충분히 가족의 문제를 다루어 주어야 한다.

〈자료 II-2〉 알코올중독 가족모임 지침서

알코올중독 가족모임 지침서

1. 목적 : 공동의존(Co-dependency) 치료.
1) 알코올중독 질병에 대한 이해
2) 가족들 간의 의사소통 기회 증진
3) 그룹역동을 통한 가족병에 대한 피드백(feed-back)
4) 자조집단(Self-help group)으로 성장

2. 일시 : 매주 금요일 2시~3시30분

3. 장소 : 회의실

4. 과정 : 가족이 어떤 session부터 시작해도 참여하고 이해할 수 있도록 하는 개방집단치료모임, 집단치료 성격을 초점으로 주제가 없는 경우 치료 프로그램 책자를 검토(review)하며 교육하고 주제를 선정(education 및 topic selection)한다.

5. 방법 : 초기 20분 정도는 환자의 상태에 대한 점검을 하여 가족의

관심(attention)을 모으고, 환자 및 가족의 1주간의 변화과정에 대한 이해와 치료진에 대한 의견 및 치료계획을 나눈다(sharing). 각자 'here and now' 에서 이야기하고 싶은 주제들을 내놓고 토의한다. 주제가 나오지 않는 경우 주별 계획에 따른 주제를 끌어낸다. 또한 지도자역할(leader role)을 담당하는 환자를 공동치료자(co-therapist)로 참여시켜 집단을 보다 활성화한다.

6. 각 단계별 계획

매월 1주 : 집단토의 - 질병으로서의 알코올중독 -

    2주 : 집단토의 - 비디오 시청 및 토의 -

    3주 : 집단토의 - 가족병(공동의존)으로서의 알코올중독 -

    4주 : 집단토의 - Al-Anon모임 & A.A모임의 필요성 및 외래치료 -

7. 준비 : 환자에게 가족모임을 소개한다. 가족과 초기면담(intake)시 가족모임에 대한 소개한다. 가족이 주인이 될 수 있도록 격려(encourage)한다. 환자의 상태에 대해서 상세히 이해하고 있어야 하며, 가족에게 충분한 설명을 해준다.

8. 의료수가 : 주 1회(4,870원) - 의무기록 철저히

9. 자료 : 환자와 함께 토의 할 수 있도록 같은 자료(알코올중독 치료 프로그램 교재)를 나눠주고 읽도록 한다.

10. 기타

*출처 : 세브란스정신건강병원 사회사업실

3. 퇴원계획과 사후지도

알코올중독 환자의 입원치료는 증상의 완화, 문제의 파악 및 해결방법 모색, 회복을 위한 최소한의 준비가 목표이며 알코올중독의 치료는 퇴원 후에도 계속 진행되는 장기적 과정이다.

알코올중독 환자의 퇴원은 결코 완치를 의미하는 것이 아니다. 알코올중독은 맹장염처럼 한 번 수술 받으면 다시는 재발되지 않는 그런 병이 아니다. 알코올중독은 당뇨병처럼 꾸준히 관리를 해 나가야하는 질병이다. 그러므로 알코올중독 환자의 퇴원은 입원만큼이나 신중해야 한다.

퇴원에 대한 양상은 아직 증상이 채 가라앉지 않았는데도 (해독치료만 된 상태) 퇴원을 요구하는 가족들이 있는가하면, 퇴원준비 단계임에도 불구하고 계속 퇴원을 미루기만 하는 가족들도 있다. 전자는 주로 환자를 처음 입원시켜 본 가족들인 경우가 많은데, 대개는 환자를 입원시킨 데 대한 죄책감 때문이거나 아직도 환자의 상태를 정확히 인식하지 못한 채 환자의 감정적인 협박에 힘겨워 우왕좌왕하기 때문이다. 후자는 주로 여러 차례 입원 경력이 있는 만성 알코올중독 환자의 경우가 많은데, 퇴원 후 얼마간은 마시지 않다가 다시 진행되면 똑같은 증상을 보이며 잦은 재입원을 반복했던 가족으로 다시 퇴원해서 문제를 일으키면 집에서 감당할 자신이 없기 때문이다. 오히려 환자의 증상보다도 가족의 불안이 더욱 심각한 경우도 이에 해당한다.

결국, 준비가 안 된 상태에서 퇴원을 했다가 얼마 안 가 다시 입원을 해야하는 사태가 일어날 수 있고 반대로 퇴원이 너무 지연되면 환자가 회복의 길을 걷는 데 오히려 더 큰 장애가 되는 경우가 된다.

환자의 퇴원에 대한 결정은 치료자와 환자 그리고 가족이 함께 의논해서 결정하는 것이 바람직하다. 그러나 알코올중독 치료에 있어서는 환자의 증상과 더불어 공동의존 상태에 있는 환자의 가족이 서로 협의하여 치료자의 충고에 반대하는 퇴원이 가장 많다.

이러한 양상을 보이는 이유는 알코올중독이라는 질병 차체가 지닌 하나의 증상인 것이다. 사회복지사는 알코올중독 증상을 인식하여 치료자의 충고에 반대하는 퇴원이라 할지라도 궁극적인 치료를 목표로 '치료의 한 과정(맥락)'에서 이해하여야 함과 동시에 반드시 치료적인 개입을 하여야 한다. 또한 알코올중독이 치료를 받아야하는 질병임에도 불구하고 치료의 장에서 이탈되고 치료적인 혜택이 주어지지 못하고 중도에

탈락할 수밖에 없는 치료방해 요인들을 제거하여 치료를 끝까지 받을 수 있도록 유지시키는 데 중요한 역할을 해야만 한다.

1) 치료자와 합의 아래 퇴원하는 경우

대부분의 경우 치료 프로그램을 마친 정상적인 퇴원이라고 할 수 있으며 이때에도 치료적인 개입 즉 재발방지 및 단주유지에 관한 여러 가지 대응전략들을 준비시키고 논의하여야 한다. 퇴원을 하기 전 반드시 외박을 통해 A.A모임을 여러 군데 다녀 본 결과 가장 본인의 성향과 맞는 곳을 찾는 연습들을 하여야 한다. 외박과정에서 재발은 경험하기도 하는데 이때 사회복지사는 적절한 처방을 하여 환자와의 신뢰관계를 더욱 돈독히 하여야 한다. 단주에 실패하였다면 이때 흔히 실수하기 쉬운 점, 즉 가장 중요한 것은 환자가 술을 다시 마신 것에 너무 초점을 맞추지 말고 외박시 단주유지를 방해했던 요인들을 찾는 노력들을 함께 할 수 있도록 지지하여야 한다. 환자에게 다시 술을 마신 것으로 인하여 치료 자체를 포기하거나 다시 치료의 원점이 아니라는 인식을 갖게 하는 것이야말로 환자를 다시 정상화시키고 치료적 관계형성이 새롭게 형성해 치료과정의 연속선에서 다루어 줄 수 있게 한다.

결국, 환자의 퇴원 단계에서 해결되지 못했던 약간의 문제들을 안고 외박을 다녀온 점에 대해서 다시 위기 개입을 하여 문제를 해결한 후 다시 외박을 권유하고 마지막 치료 단계를 성공적으로 마칠 수 있도록 이끌어야 한다.

성공적으로 외박을 마친 환자에게는 치료자가 "정말 당신은 단주에 성공하고 돌아올 줄 알았다"는 신뢰의 승인을 주고 앞으로의 단주생활에 대해 더욱 희망과 용기로 북돋아 주어야 한다.

2) 치료자의 충고에 반대하는 경우

(1) 가족이 원하는 경우

환자의 감정적인 협박이나 퇴원 후의 보복이 두려워 퇴원을 서두르는 경우이거나 "자기가 병원에 이 정도 입원했으면 정신을 차렸겠지"하며 가족의 분풀이가 풀렸을 경우라 할 수 있다. 이는 알코올중독에 대한 병식이 없고 이해가 부족한 상태에서 공동의존 고리를 끊지 못하여 나타나는 결과이다. "알코올중독이 치료가 되겠느냐!", "내 남편은 내가 더 잘 안다!", "내가 잘해주면 마시지 않을 수도 있다", " 몇 개월 술 마시지 않는 경우도 있다"며 가족들은 혼란스러운 과정에서 질병개념을 잊고 악순환을 반복하는 것이다. 이러한 상태에서 가족에 대한 개입은 지난 과정 속에서 실행해 보았던 경험들을 들추어내어 과연 어떠한 것이 병이고, 실제도 잘 되지 않았던 이유는 무엇 때문이었는지에 대해 직면하게 하여 가족이 알코올중독을 질병으로 인식하고 공동의존 상태에 있었음을 인식할 수 있도록 명확히 해주는 작업이 필요하다. 또한 치료하지 않으면 더욱 진행되는 알코올중독의 심각성과 질병에 대한 예후에 관해 인식시킨다. 이러한 과정에서 좋은 치료적 관계가 형성되면 치료가 유지되며, 그렇지 않은 경우도 있을 수 있다. 치료적 관계가 형성되지 않았다 하더라도 사회복지사는 실망하지 않고 다음을 준비하여야 하며 반드시 이 과정에서 혹시라도 퇴원 후 문제가 생길 경우 도움을 청할 수 있도록 여지를 마련해 주어야 한다.

(2) 환자가 원하는 경우

알코올중독 환자는 질병이라기보다는 "내 의지의 문제이다", "언제든지 조절해 마실 수 있다" "내가 미쳤냐! 정신과 치료는 필요하지 않다" 라는 방어기제를 총동원하여 치료에 대한 저항을 보이는 경우가 있다. 이러한 상태에서 가족마저도 혼란스럽고 치료에 대해 확신이 없을 때 퇴원으로 이어진다. 개입은 환자 및 가족과 함께 직면하는 것이다. 가족에게는 "왜 환자를 입원시킬 수밖에 없었는지?" 또 환자에게는 "스스로 알아서 할 수 있는 의지로 술을 조절했다면 입원 자체가 허용되지 않았을 텐데, 어떠한 이유에서 입원하였는지?"에 대해서 직면하게 하는 것이다. 이러한 과정에서 환자의 방어기제들이 무너지는 경험을 하여 치료의 장으로 들어오는 경우도 있지만 그렇지 않은 경우도 상당수 있게 된다. 퇴원으로 치우칠 뻔한 상태에서의 면담일지라도 사회복지사는 반드시 개입을 필요로 하며 '재발도 치료의 한 과정'인 것을 이해하여 좀더 큰 맥락에서 환자 및 가족을 대면하여야 한다. 환자에 의한 퇴원이 이루어지더라도 환자에게 본인 스스로에게 기회를 주는 의미에서의 퇴원임을 명료화시키고 혹시 문제가 생기면 언제라도 치료진을 찾고 문제를 해결할 수 있도록 기회를 부여해야 한다.

(3) 기타

① 치료 프로그램(집단) 내에서 제외시키는 경우

이는 환자의 증상으로 인해 끊임없는 저항이 반복되거나 치료모임에서의 두드러지게 반항적인 언행과 행동으로 치료진은 물론 그룹 내 환자에게, 또는 치료환경(milieu)에 방해가 되는 경우이다. 방법은 모임에서 제외시켜 개인면담으로 바꾸거나 치료계획을 수정을 하는 것이 있다.

전자의 경우, 환자의 방어기제가 심하여 집단치료에서 치료자와의 갈등을 유발시켜 알코올게임을 유지하려는 양상이 반복될 때 환자를 치료 프로그램에 참여시켜 다른 환자의 치료동기를 저하시키거나 환자 스스로의 치료적 동기나 전반적인 치료에 집단이 도움이 안 될 때 무리하게 치료 프로그램을 고집하기보다는 개별적인 치료계획을 갖고 개인면담 및 가족개입을 하는 것이다. 후자의 경우, 환자의 치료 프로그램 내에서 방해되는 행동이나 병리적 양상을 먼저 교정시키는 치료목표를 갖고 잠시 모임에서 제외시킨 후 문제행동이 호전되면 다시 치료 프로그램에 참여시키는 것이 훨씬 효과적이다. 이런 경우는 이중진단을 가진 경우가 많고 특히 Axis Ⅱ의 문제가 있는 경우에는 이 과정이 반드시 필요하다.

알코올중독 치료에 있어서 집단치료가 효과적이라고 해서 모든 환자를 일반화시켜 그룹 내에서 치료하기보다는 환자 개개인의 특성을 고려하여 개개인에게 맞는 특정한 치료전략을 이용하는 것이 필요하다.

② 전원

알코올중독의 합병증이 심하거나 신체적인 문제가 정신과적인 치료보다 우선될 때 전원을 하게 된다. 이때에도 술을 어떻게 끊어야하는지에 관한 치료보다 먼저 신체적인 치료를 한 후에 다시 정신과 치료를 받을 수 있도록 지지한다.

③ 경제적인 이유

알코올중독 환자들은 병을 얻게 되면서 경제적으로도 힘들어지게 된다. 정말로 경제적인 이유에서 퇴원을 하는 경우도 있지만 다른 진단과는 달리 치료에 대한 불확신에서 퇴원을 결정하는 경우가 더욱 많다. 예를 들어, 암 진단을 받았다면 경제적인 이유보다는 환자의 치료적인 상태가 더 중요하여 끝가지 치료를 포기하지 않았을 것이다.

가족들이 경제적인 이유에서 퇴원을 결정한다면 "이렇게 돈을 들여 치료해봤자 헛고생일 것이고 퇴원하면 똑같을 것이다"라고 생각하는 경우가 더욱 많기 때문에 정말로 경제적인 지지체계의 부족인지 치료의 불확신에 의한 것인지 사회복지사는 충분히 고려하여 치료를 중도에 포기하지 않도록 이끌어야 한다.

④ 전화상담

사회복지사는 알코올중독 치료에 있어 위기개입을 많이 하게 된다. 전화상담은 환자가 퇴원 후 언제라도 상담이 가능하도록 치료자와의 관계를 끊지 않도록 하는 통로 역할을 한다. 퇴원 후 실제로 부딪히는 문제를 해결하지 못하고 힘겨울 때 전화를 통해 위기개입을 실시하고 동시에 문제가 심각해지면 재입원을 할 수 있도록 환자를 지지해야 한다.

III. 치료의 장(setting)에 따른 치료 프로그램

1. 종합(대학)병원의 알코올중독 단기치료[2]

1) 병원특성

종합병원이나 대학병원은 알코올중독자가 정신과에 입원하는 경우보다 내과에 입원하는 경우가 많다. 주로 내과에 입원하게 되는 경우는 위·장관출혈이 있거나 황달과 복수가 심하게 찼을 경우, 급·만성 췌장염, 알코올을 동반한 당뇨병, 심장병 등이 있을 때이다.

내과의 경우 주로 해독치료를 중심으로 하기 때문에 간수치가 정상으로 회복한 것만 확인하면 바로 퇴원하게 된다. 따라서 입원 기간이 10일 이상이 넘지 않는 게 보통이다.

종합병원에서 알코올중독 환자가 사회복지사를 만나는 과정은 입원 후 의사가 의뢰하는 경우, 자발적으로 찾아오는 경우, 사회복지사의 스크리닝하는 경우로 나눠진다.

의사가 의뢰하는 경우 의사에 따라서 의뢰시기가 다르다. 어떤 의사의 경우 입원과 동시에 사회복지사에게 의뢰하는 경우가 있고 어떤 의사의 경우 퇴원을 앞두고 단주모임 연계

---

2) 한림대학교 성심병원에서 진행중인 치료내용을 요약 정리한 것이다.

를 위해 의뢰하는 경우가 있으며 또 어떤 의사는 의뢰하지 않고 지나가는 경우가 있다.

내과적인 진료가 끝난 후 정신과 치료를 권유하면 화를 내는 경우가 많다. 이는 알코올중독자라고 인정하지 않는 데서 비롯된다. 또한 멀쩡한 사람이 정신과 치료를 받는 것을 받아들일 수 없는 것인데, 이도 알코올중독에 대한 이해가 없기 때문이다. 또한 치료진들도 알코올중독에 대한 이해가 부족하다. 그렇기 때문에 사회복지사들의 접근도가 더욱 필요하다고 여겨진다.

2) 치료 프로그램 특성

대부분 종합병원, 대학병원에는 알코올중독자들을 교육하는 치료 프로그램이 단기간에 이루어진다. 치료 프로그램이 정신과 폐쇄병동에서만 이루어지는 병원이 있는가 하면 내과, 정신과 입원환자 함께 일반병동에서 이루어지는 병원이 있다. 그러나 대부분의 공통점은 입원기간이 길지 않기에 치료 프로그램 기간이 짧다는 것이다. 그러므로 단기간에 중점을 두어야 할 부분에 목표를 두는 것이 무엇보다도 중요하다. 치료진의 구성은 병원별로 다르지만 종합병원에서는 대부분이 사회복지사 혼자서 알코올 치료 프로그램을 유지해 나간다. 팀웍의 개념으로 알코올중독 환자들을 사회사업과에 의뢰하는 것을 의미하며, 사회복지사와 한 번의 접촉이 있은 후 퇴원을 결정한다. 그렇기에 알코올과 관련된 질환이 있는 환자들은 입원하면서 의사로부터 알코올교육을 받고 퇴원 해야 한다는 안내를 받는다.

다음의 내용은 한림대병원 내과병동(정신과 환자들은 내과병동으로 옮겨와서 교육을 받음)에서 알코올중독자들을 대상으로 하는 프로그램을 소개하는 것이다. 입원하면 2주 프로그램으로 주 3회씩 프로그램이 진행된다. 술이 신체에 미치는 영향, 정신에 미치는 영향, 금단증상 등을 중심으로 하고 술과 관련되는 스트레스 등에 대하여 함께 진행된다. 첫 번째 교육후 술에 관한 책자를 제공하여 읽도록 한다. 또한 원내 단주모임(A.A 참샘)에 참여시키고 다음 번 교육시간에 참가한 소감에 대하여 이야기를 나눈다. 환자뿐 아니라 가족들도 함께 개입을 해야 한다. 알코올중독에 대한 전형적인 증상을 이야기하며 환자의 행동과 증상을 설명하여 준다.

단기간 입원이기에 기간 내에 많은 프로그램을 진행시키는 것은 어려운 일이므로 술에 관한 정보를 주고 자신의 신체와 연결시켜주는 교육을 하여 알코올중독은 치료를 받아야 하는 질병임을 인식하도록 해야 한다. 이렇게 될 경우, 재발시 사회복지사를 찾아오는 경우가 많아지고 스스로 자신의 문제라고 생각하는 인식의 전환이 가능하다.

3) 사회복지사의 역할

(1) 환자교육

내과병동에 입원해 있는 알코올중독자를 상담할 때 중요하게 여겨야 하는 것은 관계형성이다. 일단 교육이나 상담이 들어갔을 때 알코올중독이라고 설명하면 자신하고는 무관하다고 부정하는 경우가 대부분이다. 그렇기 때문에 사회복지사는 처음에는 스티그마를 일으킬 만한 단어사용을 자제하는 것이 바람직하다. 이것을 줄일 수 있는 한 방법으로 상담 전 체크리스트를 작성할 수 있다(자료 Ⅲ-1. 참고). 환자가 궁금해 하는 부분을 체크하도록 하고 이를 중심으로 상담을 시작한다.

또한 입원기간이 짧기 때문에 인식이 되어있지 않은 환자들을 대상으로 많은 프로그램을 하기보다는 자신의 신체상태에 대한 걱정과 관심에 초점을 두고 그 부분부터 설명을 시작해야 한다. 집단교육과 함께 개별교육이 이루어져야 하며 개별교육 시간에는 환자의 차트를 보며 간수치 등 검사결과를 확인하고 신체적인 부분을 중심으로 교육을 해 나간다.

첫 번째 면담시간에는 주로 신체적인 점을 점검하며 시청각 교재를 함께 사용한다. 이때는 길지 않으면서 핵심적이고 강렬한 것을 사용한다. 시청각 교재를 보고 난 후에 환자들은 강렬한 인상을 받게 되고 자신의 신체에 대해 걱정하게 된다. 술과 관련된 교육이 있음을 안내하고 다음 상담을 준비한다.

퇴원 당일 의뢰 된 환자인 경우에는 외래진료를 유지할 수 있도록 안내하고, 다시 술을 마시게 되었을 경우 스스로 끊고자 노력하지 말로 병원 응급실로 방문하여 해독과정만 할 수 있도록 강조한다.

〈자료 III-1〉 알코올성질환자 상담 전 체크리스트

등록번호 : ________ 환자명: ________

어떤 어려움을 갖고 있습니까?
다음은 알코올성 질환으로 입원한 환자분들이 궁금해하는 내용들입니다. 사회복지사와 상담 전 아래의 목록을 읽고 지금 이 부분에 궁금증이 있으시거나 해당된다면 체크를 하여 주시기 바랍니다.

이름 : _______ 병실 : _______ 성별 / 나이 : ___ / ___ 세

1. 술과 관련되어 자세히 알고 싶다.
   (술이 신체에/ 정신에/ 가족에 어떤 영향을 미치는지)
2. 나의 음주패턴에 문제가 있는지 알아보고 싶다.
   (나는 과연 알코올중독자인가?)
3. 단주모임(A.A/Al-anon/Al-ateen)에 대하여 알고 싶다.
4. 현재 단주생활을 하고 있는 사람과 개별적인 만남을 갖고싶다.
5. 입원비 및 생활비 마련에 어려움이 있다.
6. 알코올치료 전문병원에서의 치료를 받기 원한다.
7. 술이 없이 다른 사람과 이야기 나누는 데 어려움이 있다.
8. 부부 간에 의사소통이 어렵다.
9. 부부 간 성생활을 하기가 어렵다.
10. 부모 역할 기술이나 지식이 부족하다.
11. 술을 거절할 때 어려움이 있다.
    어떻게 거절해야 할지 모르겠다.
12. 시간이 생기면 그 시간을 보내기가 어렵다.
13. 술 때문에 직장생활이나 다른 생활을 유지하기 어렵다.
14. 남이 나를 어떻게 생각할지 걱정된다.
15. 스트레스를 해결하는 방법에 대하여 알고 싶다.
16. 나의 술문제에 대하여 전문가와 상담을 하고 싶다.
17. 술을 마시지 않으면 잠을 자기는 데 어려움이 있다.
18. 술을 마시는 것 때문에 가정불화가 자주 일어난다.

(2) 가족교육

내과로 입원을 하는 환자의 가족들은 알코올중독에 대한 심각성을 인식하지 못한다. 술을 마셔서 건강상 이상이 온 것에만 신경을 쓰고 환자에 대해 많은 걱정을 하게 된다. 해독치료만 이루어지면 퇴원을 하려고 하기 때문에 가족도 환자와 동일하게 교육해야 한다. 객관적인 체크리스트를 통하여 술과 관련된 환자의 행동을 점검하고 그러한 점들이 알코올중독 증상이라는 것을 설명하게 되면 가족들은 질병의 심각성을 느끼기 시작한다. 가장 좋은 치료는 환자 스스로 선택하는 것이지만 환자의 행동이 증상으로 인해 힘들어질 경우에는 가족이 결정을 내리고 흔들림이 없어야 한다고 교육을 하며, 퇴원 후 다시 술을 마실 경우 빨리 병원으로 와서 해독치료를 할 수 있도록 권유한다.

(3) 타 병원으로 의뢰

대학병원에서 알코올중독자와 상담을 할 때 중요하게 다루어야 할 부분은 기관의뢰이다. 여러 차례 입·퇴원을 하다 보면 질병의 심각성을 알게 되고 가족들의 부담감이 가중된다. 어떻게 해서든 환자를 장기간 치료할 수 있는 곳이 있는지에 대한 욕구가 증가한다.

가족들이 알코올 전문병원에 대한 욕구가 있어서 설명을 하고 안내를 하였으나 결정적으로 환자를 보내야 할지 말아야 할지에 대해 결정을 내리는 시기에는 많은 갈등을 나타낸다. 환자에게 알리면 입원을 안 할 것이고 안 알리면 나중의 원망을 감당해 내기가 어려워지기 때문에 사회복지사에게 의존하는 경향이 많다.

사회복지사가 보호자와 상담을 할 경우에는 알코올 전문병원에 대한 자료를 준비하여(프로그램 일정, 입원비, 위치 등)설명을 해 주고, 소견서를 갖고 직접 방문해 보도록 권유한다. 이때 사회복지사는 타 병원에 대하여 정확하게 설명을 해 주어야 한다. 또한 보호자는 장기간 있을 수 있는 수용소나 요양원을 요구하는 경우가 많은데, 사회복지사는 검증되지 않은 기관으로 연계를 해 주어서는 안 된다.

타 병원으로 옮겼을 경우 가족들에게 그쪽 기관의 치료자와 의논할 것을 강조하며, 면회가 가능해지면 정기적으로 면회를 가서 환자가 버림받지 않았다고 느끼도록 한다.

(4) 어려운 점

교육 프로그램을 구성하고 사회복지사가 알코올중독 환자를 상담하는 것을 일련의 입원치료 과정 중의 하나의 과정으로 만들기까지 많은 어려움이 발생한다.

가장 큰 어려움은 의사들과의 관계형성이다. 알코올중독 환자들은 대부분 정신과나 간·소화기내과에 입원을 하게 되는데 간·소화기내과의 경우에 알코올중독은 많은 질환 중 극히 일부분이고 알코올중독자의 회복에 대한 확신이 부족하기 때문에 효과에 대해 불신하는 경우가 많다.

수많은 질환을 갖고 입원한 중환자가 많고 그에 필요한 인력의 부족으로 교육을 함께 이루어나가기 때문에 인력부족 현상이 발생한다. 사회복지사가 의사의 역할까지 하는 경우가 많다.

또한 짧은 입원기간 동안 알코올중독자들의 인지를 변화시키는 것은 어려운 일이다. 질병을 받아들이는 것이 첫 단계임에도 환자는 받아들이는 것을 원치 않기에 신체적인 질환만 회복되면 퇴원을 하고자 한다. 사회복지사와의 관계형성이 이루어지지 않은 상태에서 치료를 받는 것을 거부하고 바로 퇴원해 버리는 경우가 종종 발생한다. 즉, 사회복지사가 치료 프로그램을 실시하는 중간에 퇴원을 해버리는 경우가 있으며 한 환자에 대한 치료 과정이(물리적 환경과 치료진 간의 의사소통) 연계가 되지 않는 점 또한 어려운 문제라 할 수 있다.

정신과로 입원한 알코올중독 환자와 내과로 입원한 알코올중독 환자들은 그 특성이 조금씩 다르기 때문에 같은 집단 교육을 유지시키는 것은 어려운 문제이다. 내과에 입원한 알코올중독자들은 단기간 프로그램(2주 6회)이라 할지라도 끝까지 참석을 유지시키기가 어렵기에 집단을 오픈시켜 술에 관심 있는 사람은 누구든 참석할 수 있도록 하는 교육도 한 방법이라 할 수 있겠다.

〈자료 III-2〉 단주교실 프로그램

단주교실

1. 목적

알코올중독은 만성적이고 재발률이 높은 치명적인 질병이며 자신뿐 아니라 가족에게도 커다란 피해를 주는 가족병이다. 많은 사람들은 의지가 약하다라고 비난하고, 술 마시는 자신은 술문제에 대한 심각성을 인식 못하여 다른 사람 탓으로 돌리는 경우가 많다. 또한 가족은 폐쇄적으로 변해 가는 모습을 보인다. 이에 술에 관련된 올바른 교육과 집단치료를 통해 자신의 술문제를 인식하여 생활의 변화를 가져오도록 돕는 것을 목표로 한다.

2. 일시 및 장소

매주 월, 수, 금, 오전 10:00-11:00 / 12병동 회의실

3. 교육내용

	월요일	수요일	금요일
교육내용	음주문화 이대로는 안 된다. (시청각교육)	술이 신체 및 정신에 미치는 영향	술문제 집고 넘어갑시다. 알코올중독 간이검사
COMMENT			
교육내용	술 권하는 사회 (시청각교육)	술과 가족	집단토론 A.A소개 및 경험담 발표
COMMENT			

2. 대학 정신과 전문병원[3]

1) 병원특성

대부분의 대학병원에서는 정신과 입원실이 30~50병상 정

---

3) 세브란스정신건강병원에서 진행중인 알코올치료 프로그램이다.

도로 알코올중독 환자 수가 미미하고, 단기적인 치료를 실시하기 때문에 장기적인 치료(3개월 이상)를 요하는 알코올중독 환자들을 치료하기에는 적절하지 않다. 대학병원의 특성과 알코올병동을 따로 두고 있지 않는 병원의 예로 대학병원으로는 국내 최초로 정신과 전문병원을 개원하고 알코올중독 치료 프로그램을 운영한다.

세브란스정신건강병원은 알코올중독 환자를 위한 병동을 따로 두고 있지 않으며 정신분열증, 조울증 및 기타 정신질환의 남녀 환자로 이루어진 환경치료 병동(heterogeneous milieu ward)이다. 알코올중독 환자의 치료에 있어서 이러한 병동환경(ward environment)은 장, 단점이 함께 존재한다. 장점은 알코올중독 자체에 대한 이해, 즉 현실판단 능력이 없는 정신질환자들과 함께 생활하고 치료받으면서 병식(insight)을 갖는 데 도움이 된다("내가 왜 정신과 환자와 같이 있어야하는가?", "나도 정신질환인가?", "알코올중독은 왜 정신과 치료를 받아야하는가?" 등)는 것이다. 또한 증상이 다른 정신과 환자들과의 환경치료 병동에서 함께 공유하는 관계 속에서 정신질환자들을 무시하거나 정신질환의 양성증상(positive Sx)으로 쉽게 자극을 받는 등 오히려 알코올중독 환자의 양상(pattern)이 드러나는 기회가 되기도 하지만 궁극적인 치료적 개입 방법으로는 적절하지 않은 단점이 있다.

2) 치료 프로그램 특성

알코올중독자를 위한 치료 프로그램은 본원의 입원환자로서 10대부터 60대까지 다양한 연령층의 환자가 입원하여 약 8주간의 과정으로 운영된다. 입원시 환자는 모든 신체적, 정신적, 심리-사회적 상태를 평가하고 즉시 해독치료과정에 들어간다. 약 1주 내지 2주의 해독과정이 끝나면 알코올중독자를 위한 집단교육과정(집단치료, 집단교육)과 알코올에 관련된 비디오 시청 및 토론에 참석하게 되고 단주친목모임(A.A)에 참여하여, 회복의 길을 걷고 있는 협심자들의 경험담을 들음으로써 자신의 문제를 생각해 보게 되며 필요시마다 개별상담을 하게 된다. 입원한 환자의 하루일과 과정은 환경치료병동 프로그램(milieu ward program)에 준하고 있으며 여가시간에는 알코올에 관련된 서적을 읽게 한다. 또한 공동의존 상태에 있는 알코올중독자 가족치료를 가족모임과 환자 면회시에 실시하고 있으며, 면회시 치료자가 참석하여 병식 여부를 관찰하여 본원의 권익체계(privilege system)에 맞추어 단계를 조정하고 단주의지를 알아보도록 외출, 외박 등을 시도 한다. 약 8주 내지 10주간의 입원치료 후 퇴원계획을 갖고 퇴원한 환자는 지역사회 자원체계인 단주친목모임(A.A) 즉, 자조모임(self-help ㅎroup)에 참석하게 되고 회복하여 본원으로 협심자가 되어 자신의 경험담을 전달할 수 있게 된다.

좀더 자세한 치료과정과 내용은 아래와 같다.

●의학적인 치료

해독 및 금단증상 제거, 신체증상 및 부작용 제거 및 교정, 인지장애의 치료, 정신증상의 약물치료

●심리, 정신치료

환경치료 프로그램 참여, 알코올중독 환자 병동 환경치료 프로그램 참여(Alcoholic community meeting; 병동 내 공통문제 토의 및 건의사항 토론, Alcoholic group therapy; 알코올중독자를 위한 집단치료, Psycho-education for alcoholic patients; 알코올중독에 관한 지식 및 이론 교육, Alcoholic team treatment meeting; 신체적인 문제 및 환자 개개인의 병실생활 전반에 대한 치료 계획 토의), 시청각 모임(알코올에 관련된 비디오시청 및 토론), A.A 협심자 메시지 전달모임(협심자와 입원환자가 함께 참여하여 경험을 공유하고 나눔), 자기평가

모임(자서전 쓰기, 알코올중독 양상 및 가족, 정신증상 등에
관한 각종 자기평가 도구의 작성), 단주교본 연구 및 자조모
임(알코올에 관련된 책읽기 및 책과 관련된 경험담 토론), 가
족모임(알코올중독자 가족을 위한 상담 및 교육치료),
A.A.(Alcoholic Anonymous; 본원 외래에서의 자조모임 참여)

● **알코올중독 치료 프로그램의 각 주별 계획**

1주 : 질병으로서의 알코올중독 - 자서전

2주 : 알코올에 관련된 비디오 시청 및 토론 - 단주와 음주
     의 효과

3주 : 가족병으로 알코올중독 - 도덕적인 평가 목록

4주 : 알코올에 관련된 비디오 시청 및 토론 - 감정표현

5주 : 단주 12단계 - 알코올에 관련된 비디오 시청 및 토론

6주 : 마른 주정과 단주에 대한 질문 - 보상명단 작성

7주 : 단주를 위한 준비 - 비디오 시청 및 토론, 설문지 작성

8주 : 재발 경고 신호 - 미래 생활 계획표

● **퇴원계획과 사후지도**

외박, 외출시 A.A모임에 참석하도록 연결, 학습된 인지행동
의 실습과 평가, 퇴원 후 외래로 집단치료(group therapy)참여

권유, A.A 모임 및 사회자원 체계와 연결, 퇴원환자의 방문 및
전화로 사후관리

3) 사회복지사의 역할

대학병원의 특성 중에 사회복지사가 고려해야 할 부분은
정신과 전문의의 지도감독하에 전공의, 사회복지사, 간호사,
임상심리사, 기타(간호대, 의대, 사회사업학과 학생)들로 구성
된 치료팀(multidisciplinary weam work)의 일원으로 역할하는
것이다.

특히 재발률이 높아 병원에 자주 입·퇴원을 반복하는 알
코올중독 환자를 담당하는 사회복지사는 팀 안에서 중요한
역할을 하게 된다. 질병의 특성과 대학병원이라는 특성이 맞
물려 주치의나 3개월마다 교대하는 담당의보다 오히려 계속
해서 꾸준히 만나는 사회복지사와 더 많이 친숙하고 편안한
관계를 맺을 수 있는 이점이 있다. 치료적인 개입에 있어서도
장기적인 기간을 가지고 환자의 질병 치료과정 속에서 치료
프로그램과 가족개입을 담당하는 사회복지사와 치료적 관계
형성이 더욱 끈끈하여 유지 치료적 역할을 한다. 이러한 요소
들 때문에 알코올중독 환자의 치료에 있어서 숙련된 사회복

지사는 중요한 역할을 담당할 뿐 아니라 치료팀 내에서 지도 감독자가 되어 환자의 치료과정에 있어서 팀원(전공의, 간호사)을 훈련시키는 일도 담당하게 된다.

3. 알코올병동이 있는 정신과 전문병원[4]

1) 병동 특성

아산정신병원은 450병상의 대형 정신병원으로 이 가운데 20%로 정도의 환자가 알코올중독 환자이다. 알코올병동이 개설되기 전 각 병동에서 알코올중독 환자들은 소위 병실 내의 실장 또는 방장 역할을 하며 다른 정신질환자에 비해 힘에 있어서 우위를 차지했고, 반 치료자의 입장으로 정신질환자들을 대했다. 그러다 보니 알코올 중독자들은 자신이 치료를 받아야 하는 환자의 입장을 인정하기 보다 '나는 정신병자가 아니다. 나는 또래와 다르다' 라는 생각으로 치료에 잘 순응하려 들지 않아 오히려 병실 내에서 문제아로 지목되는

---

4) 아산정신병원에서 진행중인 프로그램을 요약한 내용이다.

경우가 많았다. 또 치료자들도 알코올중독자는 귀찮은 존재, 문제를 일으키는 사람, 선동자 등으로 분류하여 중독자가 병실 내에 있는 것을 꺼려했다.

이러한 사실은 알코올중독자를 방치하는 것은 다른 정신질환자들에게도 악영향을 미칠 뿐 아니라 중독자 자신에게도 치료의 기회를 부여해야 한다는 인식하에 알코올병동을 세팅(setting)하게 된 배경이 된다.

알코올병동의 세팅은 환자들의 치료 순응도를 높이는 데 커다란 영향을 미쳤으며, 치료자들도 환자의 개입에 있어서 상당히 긍정적이다. 알코올병동은 환경치료(milieu therapy)를 전제로 운영되며 다음과 같은 특성을 지닌다.

2) 치료 프로그램 특성

병실환경은 총 병상 67개(병실 당 환자 10명), 휴게실, 집단치료실, 격리실, 화장실, 식당 등이 있으며 치료팀으로 정신과 전문의(psychiatric staff) 1명이 총 책임(director)자로 행정 지원, 전체 치료방향 설정, 주 1회 팀회의(team meeting) 주관, 집단치료 진행, 알코올중독 환자교육, 회진, 알코올중독 환자의 입·퇴원을 최종 결정한다. 공동치료자(co-therapist)로 정신과 전문의 3명이 있는데, 이들은 집단치료 진행, 알코올중독 환자 교육, 알코올중독 환자의 입·퇴원을 최종 결정한다. 정신보건사회복지사(psychiatric social worker) 1명은 전체 프로그램을 관리 및 조정, 개발하고 자원봉사자 관리 및 A.A 협심자와 관계를 유지하며 알코올중독 환자 교육, 집단치료 진행, 프로그램에 따른 환자 개별평가, 권익체계 조절, 퇴원 후 전화로 사후지도(follow-up)를 한다. 병동의 간호사는 입원환자 평가와 병실생활을 점검하고 프로그램을 관리한다. 이 외에 보호사는 환자관리 및 운동요법 지원하고 수련 사회복지사 집단치료를 보조(co-worker)한다.

치료기간은 평균 6개월로, 퇴원은 환자와 보호자가 원하면 언제라도 가능하다. 그리고 환경치료병동 프로그램에 준하며 권익체계에 따라 병동을 운영한다.

알코올중독 관련 치료 프로그램 알코올 집단치료, 단주교본 읽기(3단계 이상의 환자들로 구성되며, 『회복에 이르는 길』, 『익명의 알코올중독자들』 등의 교재를 함께 읽고 토론한다), 교육(주 1회 video 시청 및 알코올중독 관련 강의), 운동요법(헬스기구, 족구, 축구, 탁구 등), A.A 모임 등이 있다. 이 중 대표적인 알코올 집단치료 내용은 아래와 같다.

● 알코올 집단치료(Alcoholic Group Therapy)

단계에 따른 집단치료의 형태로 자신이 술에 무력했으며 스스로의 생활을 통제할 수 없었음을 받아들이도록 하는 데 목적이 있으며, 구조화된 질문 문항을 작성하여 집단에서 발표하고 환자들과 의견과 생각을 나눈(sharing) 후 치료자가 피드백을 준다. 집단치료는 2단계에서 5단계에 속한 환자가 참여하며 내용은 다음과 같다.

• 2단계

12개의 질문을 통해 자신의 음주배경이나 현재의 상태를 점검한다. 환자들은 질문을 통해 자신에 대한 통찰력을 갖게 되며 음주로 인하여 삶의 모든 영역에서 발생된 문제점들을 살펴본다. 12개의 질문은 ①술의 종류와 양 그리고 음주빈도, ②술에 대한 선입관, ③음주를 조절하려는 시도, ④신체적 건강, ⑤성욕과 성생활, ⑥정서와 감정, ⑦사회생활, ⑧인접한 가족, ⑨직장생활, ⑩재정문제, ⑪광적이고 파괴적인 해동, ⑫자신에게 중요한 가치와 음주의 결과로서 그 가치에 반대되는 행동, 이다.

사회복지사는 환자가 자신의 현재 음주상황과 그에 따른 결과를 인식하고 직면할 수 있도록 돕는다. 주의해야 할 것은 집단치료에 처음 참여하는 것이므로 강압적이거나 환자가 꺼려하는 사안에 대해서 지나치게 직면시킬 경우 이후의 치료에 대한 저항을 가져오게 할 수 있으므로 지지적인 태도를 취해야 한다는 것이다.

• 3단계

3단계 집단치료는 8개의 질문을 통해 중독에 대한 자가진단, 음주결과 자신의 인생 전반에 미친 부정적인 영향 등에 대해 스스로 탐색하도록 한다. 8개의 질문은 ①음주가 인생에 끼친 부정적인 영향, ②자존심이 상할 때는, ③가족 중에서 괴로워하는 사람은, ④조절능력의 상실 경험, ⑤음주로 인한 실수, ⑥치료를 결과에 대한 기대, ⑦음주습관에 있어서 다른 사람과 다른 점, ⑧자신이 알코올에 중독되었다고 생각하는가, 이다.

3단계 집단치료에서 환자는 자신이 알코올중독인지 아닌지를 스스로 진단하게 되는데, 대부분은 중독이 아니라고 생각한다. 따라서 사회사업가는 환자로 하여금 알코올중독임을 직면시키기보다는 자신의 음주와 관련하여 문제가 빈번히 발생한다면 술문제에 대해 깊이 있게 생각하도록 권고해야 한다.

• 4단계

자신의 성격 중에서 부정적인 면과 긍정적인 점을 점검하고 단주와 연결하여 생각하도록 돕는다. 이를 위해 사회사업가는 먼저 치료시간 이전에 4단계에 대해 충분히 설명하고 이해시키는 것이 중요하다. 왜냐하면 환자들은 자기 자신을 음주와 연결하지 않고 자신을 술과 분리하여 말하기를 어려워한다. 예를 들면, 환자들은 "나는 술을 안 마시면 아무 문제가 없다"고 하거나 "술만 마시면 모든 게 문제다"라는 식으로 생각한다.

따라서 사회사업가는 술문제는 되도록 끄집어 내지 말고 평상시의 환자 자신의 성격에 대해 말하도록 하여 어떤 점이 단주에 긍정적인 영향을 미치고 부정적인 면에서는 재발의 요인이 될 것으로 보이는 환자의 성격을 스스로 알아가도록 돕는다. 또한 알코올중독자들은 보편적으로 자신감이 없고 자존감이 낮은 점을 감안하여 환자의 단점보다는 장점을 적극적으로 지지해 주는 것이 중요하다.

• 5단계

5단계에서는 자서전을 발표한다. 자서전을 발표하기 위해서는 오랜 시간 준비과정이 필요하므로 사회사업가는 예비 단계시 미리 자서전을 준비하도록 지시한다. 환자가 자서전을 발표할 때는 치료실이 편안하고 안정된 상태가 되도록 환경을 조성하고 모든 환자가 발표하는 환자의 인생에 짧은 시간이나마 동참하고 있음을 상기시키고 진지하게 경청하도록 말한다. 자서전을 발표하는 중에 환자가 우는 경우가 있는데, 그때는 그칠 때까지 기다려 주거나 감정이 너무 격양되어 어려울 경우 환자의 동의를 구하고 사회사업가가 대신 읽어준다.

• 6단계

재발을 방지하고 회복을 위해 개인적, 사회적, 가족적, 직업적 목표를 정하고 접근해 간다. 각 질문에 3가지 이상의 변화되어야 하거나 회복을 위해 해결되어야 할 문제를 기록하여 치료자와 함께 방법을 모색한다. 그리고 퇴원하기 전까지 개별면담을 통해 퇴원 이후 예상되는 문제들을 환자와 가족면담을 통해 재발요인들을 감소시킨다.

3) 사회복지사의 역할

사회사업가는 알코올병동에서 중심치료가 되는 집단치료를 진행하고 관리하는 역할이 가장 크다. 그 이유는 2단계에서 5단계까지 정신과 전문의 4명이 참여하고 있으나 각 단계의 내용이 다르고 하위 단계를 마친 환자가 상위 단계에 진입했을 때 기존 환자와의 조절을 필요로 하는데, 이때 사회사업가는 치료자로 참여하기도 하지만 환자의 발표순서를 정하고 환자를 개별적으로 평가해야 한다.

집단치료뿐만 아니라 해당 단계에 따른 프로그램에 환자가 잘 참여하고 있는지 관찰하고 평가하여 매주 월요일에 한 번 단계를 상향 또는 하향 조정한다.

입원기간 중 외출이나 외박시 A.A 모임에 참여하도록 협심자를 연결해 주고, 퇴원 후에도 병원 모임에 참여할 수 있도록 돕고 협심자들과의 관계를 유지한다.

주 1회 비디오 시청각 및 알코올중독 교육, 일대일 가족교육을 진행한다. 이 외에도 퇴원 후 전화로 사후관리와 개별면담을 실시한다.

4. 알코올병동이 없는 정신과 전문병원[5]

1) 병원 특성

성안드레아신경정신병원은 정신과 전문병원으로 한국순교복자수도회에서 설립하였으며, 가톨릭 이념에 입각하여 환자 중심으로 운영되고 있는 국내 최초의 개방병원이다. 외형적인 특징으로는 4만 8천 평의 토지에 환자들이 다양한 시설물(테니스장, 골프장, 등산로, 농구장, 십자가의 길)을 이용할 수 있는 자연 친화적인 환경을 보유하고 있다.

다양한 재활 프로그램으로 환자들의 회복을 도모하는 병원 안에 알코올회복교실이 운영되고 있다. 이 알코올회복교실은 30명의 인원까지 수용 가능한 넓고 쾌적한 공간으로 알코올중독 환자들만을 위한 교육공간이 제공되고 있다. 알코올회복교실에는 타 병원과는 달리 8명의 알코올중독 전문치료인력이 활동하면서, 환자 개인의 특성까지도 파악하여 알코올치료에 최선을 다하고 있다.

---

5) 성안드레아신경정신병원에서 진행중인 치료 프로그램을 요약 정리한 내용이다.

2) 치료 프로그램 특성

처음 입원한 알코올중독 환자는 비자발 교육을 받으며 안정병동에서 2주간의 생활을 하게 된다. 2주 동안의 해독치료 기간은 알코올회복교실에 대한 팜플렛과 단주교본, 알코올중독 관련 도서를 구입하여 알코올회복교실과 알코올중독에 관한 일반적인 내용을 숙지하도록 한다. 또한 알코올 문제로 입원한 환자 개인의 상태나 치료목적에 따라 병동을 분리하여 운영하고 있는데, 단기간 해독치료만 받고 퇴원하고자 하는 환자에게는 안정병동에서 해독치료를 위한 서비스를 제공하며, 집중적으로 알코올교육을 받고 단주를 하고자 하는 환자는 반개방·개방 병동에서 알코올 회복교실 프로그램에 참여하도록 하고 있다. 위와 같이 대학병원의 해독치료와 정신과 전문병원의 단주교육 프로그램 체계를 고루 갖추고 환자와 가족의 입장과 욕구에 입각하여 치료방식을 선택하게 하고 있다.

(1) 비자발(Involuntary) 교육

자신의 술문제에 대한 인식(병식)이 없으며 단순한 해독치료만을 원하는 환자집단을 대상으로 실시하는 교육이다. 입원 직후, 환자는 안정병동에서는 해독치료를 받는 것과 동시에 2주간의 비자발 교육에 참가하는 동안 치료팀에게 자발교육을 받을 것인지에 관해 평가를 받는다. 2주간의 비자발 교육을 마친 후 환자가 자발교육을 받을 의지가 없거나 가족의 동의가 없는 경우는 비자발 집단이 있는 반개방 병동으로 이실하여 최소한의 교육을 받게 된다. 비자발 교육집단은 알코올회복교실의 과정과 규칙의 대상에서 제외되면서 병동규칙에 따라 생활하게 되며, 퇴원계획이나 개방병동으로의 병실 이동은 주치의의 판단에 따라 관리된다.

(2) 자발(Voluntary) 교육

자발교육은 단주에 대한 의지가 있는 환자집단으로 구성되며 2주간의 비자발 교육을 받은 후 치료팀 회의에서 통과되어야만 가능하다. 8주간의 교육과정에 참여하는 자발집단의 경우, 병동규칙뿐만 아니라 알코올회복교실의 과정과 규칙의 적용을 받는다. 자발교육 환자는 자발집단이 있는 반개방 병동으로 이실하여 오전, 오후 2회씩 총 4회의 자유산책이 허용되며, 알코올회복교실 교육이 있는 동안 치료자의 통제를 받지 않고 자유롭게 교육에 참가한다. 5주부터는 개방병동에서 생활하게 되고 외박 및 외출이 자유로워지며 퇴원 준비를 한다.

(3) 알코올회복교실 프로그램 구성

다음의 교육내용은 알코올중독 환자를 위해 마련된 프로그램이며 이밖에도 사회사업과 재활 프로그램 및 병동 프로그램에 참여한다(각 프로그램의 특성 및 운영규칙은 부록 참고).

• 비자발교육 내용
  - A.A.메시지, 명상, 집단치료, 강의, 비디오 시청각교육, Al-anon(가족친목모임)이 있다.

• 자발교육 내용
  - A.A.모임, A.A.메세지, 아침명상(화-목), 자서전, 대인관계훈련, 명상, 현실치료, 단주교본, 운동, 강의, 비디오시청각교육, 다례요법, 재활원 자원봉사, Al-anon(가족친목모임)이 있다.

(4) 치료팀 회의

① 치료팀 구성과 역할

치료팀의 구성은 정신과 전문의를 팀장으로 하며 3년차 전공의, 원목실 신부, 사회사업과 2인, 간호과, 심리과에서는 각 부서의 과장들로 구성되어 있다.

치료팀 회의는 1주일에 한 번씩 이루어지고 있는데, 비자발 집단에서 자발집단 교육을 시작할 환자에 대한 평가와 문제 환자에 대한 논의, 일주일간 진행되었던 프로그램 전반에 대한 내용을 발표하여 환자에 대한 문제점이나 호전상황을 검토함으로써 치료팀 간의 의사소통을 원활히 하고 있다.

② 치료팀 회의에서 비자발 환자의 자발 교육 선발을 위한 각 파트의 역할

각 파트는 다음과 같은 정보를 제공하여 환자가 자발교육을 받게 할 것인지, 아니면 비자발 교육을 받게 할 것인지에 대해 평가한다.

- 알코올회복교실 팀장(전문의) : 알코올회복교실에 대한 전반적인 관리와 치료팀 회의에서 논의된 내용의 최종

결정

- 3년차 전공의 : 각 환자의 주치의가 비자발교육을 10회 참여했는지 확인하고 환자와 가족들에게 알코올회복교실 참가동의서에 사인을 받은 후 전공의에게 환자명단을 주면 환자의 자발교육 참가평가를 하기에 앞서 전공의는 환자의 병력에 대한 정보를 치료팀에게 제공
- 원목실 : 영적상담을 통한 환자 자신과 가족들과의 내면의 상처에 대한 정보를 제공
- 사회사업과 : 사회사업과에서는 가족력에 대한 정보와 비자발 교육시 환자 태도에 대한 정보제공
- 간호과 : 병실생활에서 환자의 태도에 대한 정보제공
- 심리과 : 심리검사를 통해 환자가 자발교육을 받을 수 있는지에 대한 평가를 제공

3) 사회복지사의 역할

알코올중독 환자에 대한 사회복지사의 개입은 환자가 입원을 하는 과정에서부터 시작한다. 가끔 외부로부터 알코올 관련 프로그램이나 입원절차에 대한 문의가 있을 때 간단한 정보제공을 해 주기도 하지만 사회복지사의 개입은 환자의

입원과 동시에 본격적으로 시작된다.

(1) 초기면접

환자의 입원과 동시에 보호자는 사회복지사를 만나서 환자에 대한 정보를 제공한다. 대부분의 가족들은 사회복지사가 무엇을 하는 사람인지 모르고 의사와 면담을 했는데도 불구하고 또 다시 면담하는 것에 대해 의아해 한다. 하지만 환자가 입원한 이후 가족교육이나 모임 등의 만남을 주관하는 사회복지사로서 가족들과의 첫 면접이 매우 중요하다는 것을 이해시킬 필요가 있다. 대체로 첫 면담시 사회복지사는 현병력에 대한 질문보다는 가족의 고통에 대해 안심을 시켜준 후 가족력과 퇴원 후 환자를 지지해 줄 수 있는 자원에 대한 질문을 하며 관계형성을 해 나가는 것이 중요하다.

(2) 입원과정

전체 프로그램의 진행과정에 대한 관리를 통해 문제발생 시 팀장과 치료팀에 정보를 제공하고 문제를 해결한다. 또한, 병원과 A.A협심자 및 Al-anon협심자들과의 관계유지 등을 담당한다.

(3) 퇴원계획과 사후지도

퇴원 전에 환자가 사는 곳에서 가까운 거리에 있는 단주모임이나 가족모임 그리고 환자에 따라서 알코올재활센터를 연결해준다.

〈자료 III-3〉 알코올회복교실 내용

알코올회복교실

1. 목적

알코올의존은 한 개인이 아니라 가족, 직장, 그리고 대인관계에 이르기까지 크나큰 손상을 가져오고, 행동의 장애까지 유발시키는 만성적이고 진행적인 질병입니다. 또한 재발률이 높고 치료되지 않으면 치명적인 만성 정신질환에까지 이르게 됩니다. 일반적으로 우리 사회는 알코올의존은 인생의 낙오자나 사회적 신분이 낮은 사람에게나 해당되는 것이라는 편견을 지니고 있습니다. 사실 알코올의존은 하나의 병으로써 그 사람의 신분, 성별, 교육정도나 직업에 관계없이 누구나 걸릴 수 있는, 암이나 당뇨병과 같은 질병입니다. 하지만 이러한 편견과 오해는 알코올의존자가 병원에서 정당하게 치료받을 기회를 상실시키고 지역사회의 일원으로 지낼 수 있는 기회마저도 빼앗고 있습니다. 이러한 이유에서 알코올회복교실은 알코올의존을 도덕적 판단이나 의지로써 해결되는 것이 아니라 병으로써 이해시켜 환자를 무시하거나 낙인을 찍는 잘못된 편견을 버리고 회복하도록 돕는 데 목적이 있습니다.

2. 대상

알코올(약물)의존으로 인하여 가족, 직장 등의 사회생활이나 일상생활이 어려운 사람을 대상으로 합니다.

3. 치료팀 구성 및 접근방법

치료팀은 정신과 의사, 신부님, 간호과장, 임상심리과장, 정신보건사회복지사 3인으로 알코올의존 전문가팀을 구성하였습니다.

접근방법은 해독과정 2주 후 8주 교육을 하고 있습니다. 교육과정은 환자의 단주의지에 따라 두 집단으로 분류하여 시행하고 있습니다. 첫째, 환자 본인이 단주에 대한 의지가 있으며 자발적인 참여를 하는 자발교육과 둘째, 해독치료를 받고 있으며 단주에 대한 비자발적인 의지를 지니고 교육 참여를 하는 비자발교육으로 구분하여 개별적이고도 차별화된 접근을 하고 있습니다.

4. 장소 : 1층 알코올회복교실

5. 치료팀 회의

매주 수요일 프로그램별 상황에서 환자의 문제점이나 호전상황에 대한 토의를 하여 치료팀 간의 의사소통을 원활히 하고 있습니다. 또한, 환자의 변화상태에 대한 평가를 하여 환자가 비자발교육에서 자발교육으로 참여할 수 있는 기회를 확대시키며, 치료팀 간의 토론을 통하여 프로그램의 문제점을 보완하고 알코올의존치료에 효과적인 프로그램을 개발하기 위한 모니터링을 하고 있습니다.

〈자료 III-4〉 알코올회복교실 프로그램 일정

알코올회복교실 프로그램

1. 자발 집단 프로그램

시간	월	화	수	목	금	토
오전 9:00~30		아침명상	아침명상	아침명상	아침명상	
1:00	단주친목 (A.A.)모임 1:15					재활원 자원봉사 9:00
2:00 -2:50	단주메세지 2:30	자서전	명상I	가족친목 (Al-Anon) 1:30	강의	
				단주교본		
3:00 -3:50		대인관계 훈련	현실치료	운동	다례요법 (격주)3:15	
					비디오시청(격주) 3:15	

2. 비자발 집단 프로그램

시 간	월	화	수	목	금
2:00-2:50	단주메세지 2:30	집단치료 (2병동) 1:00	명상 (2병동)	단주교본 연구	강의 비디오 시청 3:15

〈자료 Ⅲ-5〉 알코올회복교실 프로그램 내용

알코올회복교실 프로그램 내용

1. 단주친목(Alcoholic Anonymous) 모임

A.A.는 음주문제를 갖고 있는 남녀들의 세계적인 협심자들의 모임입니다. A.A.는 비직업적이고 자조적이고 비종파적이고 다인종적이고 비정치적이며, 어느 곳에서도 가능한 모임입니다. 그곳에는 나이나 교육정도 등의 요구조건은 없습니다. 오로지 그들의 음주문제에 대한 관심을 갖는 남녀들에게 모임은 열려있습니다.

퇴원 후 단주를 돕기 위한 프로그램으로 자세한 내용은 A.A. 한국연합단체지부(02-774-3797)를 통하여 안내 받을 수 있습니다.

2. 자서전

직장과 가정, 지역사회 내의 대인관계에 있어서 인간행동에 관한

우리의 자각을 적용시킬 수 있도록 도와줍니다. 대인관계에 있어서 긍정적인 자아개념을 발전시키도록 도와줍니다. 일상생활에서의 지지적인 관계의 중요성을 인식하도록 도와줍니다. 현재의 상황에서 인간관계에 관한 자각을 적용시키듯이, 미래의 목표설정에 있어서도 이러한 자각을 적용시킬 수 있도록 도와줍니다(담당자 : 간호과).

3. 대인관계 훈련

대인관계 훈련은 성공적인 단주를 유지하기 위하여 알코올의존자 자신을 둘러싼 사회관계망들(가족, 친척, 친구 등)과의 관계에 있어서 자신의 문제를 좀더 효율적으로 대처하는 기술을 연습하여 재발의 위험을 감소시키기 위한 것입니다. 대인관계 훈련은 3부로 구성되어 있습니다. 구체적인 내용은 1부 스트레스 대처 훈련, 2부 분노조절 훈련, 3부 자아성장 훈련입니다(담당자 : 정신의료사회사업과).

4. 명상

명상의 목적은 내면의 깊은 상처를 영적으로 발견할 수 있도록 돕는 데 있습니다. 또한 자신과의 근본적인 화해를 이룰 수 있도록 이끌어 주며, 더 나아가 자신의 상처를 통해서 보다 긍정적인 자화상을 마련할 수 있도록 하고 있습니다. 명상은 알코올의존으로 어려움을 겪고 있는 분들을 위해 새로운 삶을 시작할 수 있는 희망과 영적인 발판을 마련해 주며, 건강한 인격체를 형성할 수 있도록 하기 위한 프로그램입니다(담당자 : 원목실 신부님).

5. 집단치료

집단치료는 술로 인하여 발생된 심리사회적인 문제에 대해 이야기

함으로써 감정정화를 하며, 자신의 문제를 인식하도록 하고자 하는 프로그램입니다. 또한 같은 문제로 고민하고 있다는 공감대를 형성하고 감정적인 지지를 받도록 합니다(담당자 : 정신과전문의 / 정신의료사회사업과).

6. 현실치료

현실치료는 단주에 대한 동기를 형성하고 강화시키며, 자신의 삶에 주인이 되고 자기가 바라는 욕구를 성취하기 위하여 자신의 행동을 어떻게 선택하고 책임질 수 있는가를 인식하는 프로그램입니다. 프로그램을 수행하는 동안 참석자들은 자신의 행동과 인생에 대한 책임을 느끼며 통제감을 회복하게 됩니다(담당자 : 임상심리과).

7. 단주교본 연구

단주교본은 단주친목(A.A.) 협심자가 음주에 대한 강박감을 없애고 풍요로운 삶을 살아가는 데 필요한 영적인 원칙을 제안해 주며, 단주친목 그룹이 일치를 유지하고 성장할 수 있도록 만든 책입니다. 치료자와 환자는 이 책을 읽고 토의하여 12단계에 근거를 둔 단주친목(A.A.) 모임에 대한 이해도를 높이고 퇴원 후 단주친목모임으로 연계할 수 있는 길을 마련하고 있습니다(담당자 : 정신과전공의 3년차).

8. 가족친목(Al-Anon) 모임

알코올의존은 진행성이고 치명적인 질병입니다. 근래에 들어 알코올의존은 그들이 사랑하는 가족들을 병들게 하고 있기 때문에 '가족병' 이라는 개념이 부각되고 있습니다. 알코올의존은 완치되지 않고 당뇨병과 같이 자신의 노력에 따라서 회복이 되는 병입니다. 그러므로 치료과정에서 환자 자신의 노력도 중요하지만, 무엇보다도 환자와 그들을 둘러싸고 있는 가족들의 역할이 매우 중요합니다. 가족친목모임은 이러한 이유로 가족을 치료적인 파트너로 참여시키기 위하여 마련되었습니다. 가족친목(Al-Anon)모임은 알코올의존자들의 가족과 친척, 친구들의 친목입니다. 그들의 공동 문제들을 해결하기 위하여 서로 간의 경험과 힘과 희망을 함께 나누는 친목모임입니다. 알코올의존은 가족병이며, 회복되기 위해서는 가족의 태도가 변화되어야 한다는 것을 믿고 어떠한 종교나 종파, 정치나 조직 혹은 학회와도 동맹을 맺고 있지 않는 자조모임입니다(담당자 : 정신의료사회사업과 / 협심자).

9. 운동

신체건강을 위해서는 신체적 노력과 인내가 필요하며 하고자 하는 의욕이 있어야 합니다. '신체적으로 건강하다' 는 것은 심장, 혈관, 폐, 근육기능이 원활하게 유지되는 것을 의미합니다. 운동이 필요한 이유는 다음과 같습니다. 술에 의해 떨어진 신체를 원활히 회복하기 위해서는 기본적이고 규칙적인 운동이 단계적으로 이루어져야 합니다. 알코올회복교실의 운동 프로그램은 이러한 목적으로 구성되어 있으며, 환자 개인의 신체운동기능 향상과 그룹 구성원들 간의 협동심을 강조합니다(담당자 : 정신의료사회사업과).

10. 강의

강의는 알코올중독에 대한 원인 및 치료에 대한 내용을 인식하고 음주문제로 신체적, 정신적, 가족적인 피해를 교육받음으로써 병식을 지닐 수 있는 기회를 제공하는 프로그램입니다(담당자 : 정신과 전문의).

11. 다례요법

다례요법은 음주문제로 인하여 지친 심신의 피로를 회복시키기 위한 대처방안을 마련할 수 있도록 돕기 위한 프로그램입니다. 또한 퇴원 후 여가시간을 활용할 수 있도록 하기 위하여 병원 내에서 다례에 대한 긍정적인 경험의 기회를 갖도록 하고 있습니다(담당자 : 다례 전문강사).

12. 알코올비디오 시청각 교육

알코올비디오를 시청함으로써 자신의 음주문제를 인식하고 비디오 시청 후 토론을 통하여 환자들이 음주문제에 대한 감정적 공유를 하도록 합니다(담당자 : 정신의료사회사업과).

13. 재활원 자원봉사

재활원 자원봉사 활동은 음주문제로 발생된 성격문제, 자기연민, 자신감 저하 등의 문제를 타인을 도와주는 기회를 통하여 회복할 수 있도록 하고자 마련되었습니다(담당자 : 원목실 신부님).

〈자료 Ⅲ-6〉 알코올회복교실 과정과 규칙

알코올회복교실의 과정과 규칙

환자 본인이 술을 끊고자 하는 동기를 가지고 있고, 자발적인 참여를 중심으로 마련된 프로그램입니다.

1. 자발집단(Voluntary Group, V.A)과정은 다음과 같습니다.
   (1) 해독(2주) 후 8주 과정이며 하루 2시간 교육을 하고 있습니다.
   (2) 2주간(1~2주)은 2병동에서 해독치료 및 교육을 준비하는 기간입니다. 4주간(3~6주)은 5병동(반개방 병동)에서 집중적으로 알코올 회복에 대한 교육을 받는 기간입니다. 4주간(7~10주)은 3S병동(개방병동)에서 퇴원 후 재활 및 사회적응을 준비하는 기간입니다.
   (3) 자발교육 참여는 2주간의 비자발교육 참석시 단주의지와 교육 수행능력을 평가한 후, 환자 자신의 참여의지와 가족과의 동의가 있은 후 결정합니다(비자발 입원시 비자발 교육 10회 참석, 자발 입원시 비자발 교육 5회 참석 후 평가).
   (4) 단, 재활원 자원봉사활동은 자발교육 1주일을 이수한 후 참석 가능합니다.

2. 자발집단의 규칙은 다음과 같습니다.
   (1) 교육 참석시 3회 지각을 하는 경우는 1시간 결석으로 처리합니다.
   (2) 교육하는 동안 2회 과제를 안 하는 경우는 1시간 결석으로 처리합니다.

(3) 교육 시간 중 면회하는 경우 해당 교육시간은 결석으로 처리됩니다.

(4) 교육 참석시 2회 경고를 받는 경우는 1시간 결석으로 처리합니다.

＊경고는 다음에 해당되는 경우입니다. 참고하시오!
 ① 교육 시간 중 다른 책을 읽는 경우
 ② 교육 시간 중 자는 경우
 ③ 교육 시간 중 성적인 언행이 있는 경우

(5) 교육 3시간 결석은 병동이실(3S→ 5W→ 2W)하여 1주일 동안 "라" 그룹으로 변경되며 이 기간 동안은 교육에 참석할 수 없습니다.

(6) 교육기간이 연장되는 경우는 다음과 같습니다(주치의와 상의된 경우에만 교육연장이 가능합니다).
 ① 신체적인 질환으로 외진을 나가는 경우
 ② 부득이한 사정으로 외출 및 외박을 하는 경우
 ③ 신체적인 질환으로 교육수행이 불가능한 경우

(7) 외출, 외박 및 원내에서 음주하는 경우는 다음과 같이 처리됩니다 (만취상태의 귀원은 보호실에 24시간 동안 차단).
 ① 첫 1주는 2병동으로 이실하여 그룹은 "가"로 변경됩니다.
 ② 둘째 1주는 2병동에서 그룹은 "다"로 변경되며 비자발 교육 참석이 가능합니다.
 ③ 셋째 주는 비자발교육 참석 평가 후 ARC 재참석 여부가 결정됩니다.

〈자료 Ⅲ-7〉 알코올회복교실 참가 서약서

알코올회복교실 참가 서약서

　본인은 귀원의 알코올회복교실의 치료목적과 취지에 전적으로 동의하며, 8주 알코올 자발교육 프로그램에 참여하고자 합니다. 또한 중독으로부터 벗어나 회복생활 과정에서 다른 환자의 치료에 피해를 끼치지 않을 것을 서약합니다.

년　월　일

본인 서명 :

　보호자로서 환자의 회복을 위하여 매주 목요일 가족친목(Al-Anon) 모임에 참석할 것을 서약합니다.

년　월　일

보호자 서명(환자와의 관계) :

성안드레아 병원장 귀하

부록

부록1　　　용어 해설

가족친목(al-anon)

가족이나 친구 중 어떤 사람의 충동적인 음주로 인해 피해를 받고 있는 가족들의 모임

간경변 (liver cirrhosis)

섬유증을 수반하는 정상간소엽 구축성의 상실, 실질세포의 파괴, 소결절을 형성하는 재생 등을 특징으로 하는 간장의 만성질환, 잠복기가 길고 보통은 복부팽만, 복통, 토혈, 부종과 황달등으로 급격히 발병한다. 말기에 있어서는 복수, 황달등으로 급격히 발병한다. 말기에 있어서는 복수, 황달, 문맥압항진증, 중추신경계장애 등이 현저하며 간성혼수에 이르기도

한다. 진행된 단계에서는 간성혼수가 된다.

간기능검사(AST, ALT)

간세포가 손상된 정도를 알아보는 것으로 간기능검사, 간 검사 또는 혈액화학검사라고 한다. 과거에는 GOT는 GPT라고 불렸으며 GOT는 8-38(IU/L), GPT는 4-43(IU/L)가 정상 범위이다.

간암 (hepatoma)

간에 있는 모든 악성종양을 뜻한다.

갈망(craving)

술을 마시고 싶은 강한 충동적 바람을 말한다.

금단 (withdrawal)

술을 끊으면 생기는 증상. 자율신경계증상, 정신병적증상, 간질발작을 말한다. 술을 다시 마시면 금단증상이 소실된다.

급성중독(acute intoxication)

술을 마신 후 갑자기 나타나는 것으로 어눌하고 느린 말, 부적절한 행동, 기억력 장애, 주의력 부족과 같은 신체적 반응을 동반한 행동변화 또는 부적응적인 정신상태를 말한다.

내성(tolerance)

취하는 데 점점 더 많은 양의 술이 필요함, 전에 마시던 양으로는 전과 같은 술기운을 느낄 수 없는 것

복수 (ascites)

복막염·간매독 등의 질환으로 뱃속에 액체가 괴는 병증 또는 그 액체

식도정맥류 (esophageal varices)

식도에 정맥이 혈행장애로 인해 부분적으로 볼록하게 되어 생긴 혹

알코올 남용(alcohol abuse)

의학적 사용과는 상관없이 약물을 지속적으로 또는 빈번히 대량 사용하는 것

알코올 의존(alcohol dependence)

내성과 금단증상, 조절능력상실, 사회적 직업적 활동의 장애, 술로 인한 심리적 사회적 문제

알코올성 간경변 (alcoholic liver cirrhosis)

간경화로도 불리기도 한다. 알코올에 의하여 생긴 간경변으로, 간이경화·축소가 되는 병이다. 복수가 생기고 빈혈과 전신쇠약을 일으킨다.

알코올성 간염 (alcoholic hepatitis)

알코올에 의해 간세포의 종창·동통을 수반하는 염증성 질병

알코올성 지방간 (alcoholic fatty liver)

알코올에 의해 간세포에 지방이 많이 축적되는 상태를 지방간이라 하며 간염을 동반한 경우 지방간염이라 한다. 피로감이나 식욕부진, 우상복부 통증이 나타난다.

알코올중독자의 성인자녀 (adult children of alcoholics(ACOA))

알코올중독자의 자녀가 성인이 된 것을 말하며 알코올중독자 가족 내에서의 성장으로 인해 보이지 않는 영향을 받게 된다.

익명의 알코올중독자들 (alcoholics anonymous)

알코올중독자들이 스스로 알코올문제를 해결하기 위한 자조집단으로, 알코올중독자와 회복중인 알코올중독자가 함께 모여 단주를 약속하고 서로 도와주는 단주친목 모임

일시적 건망증 (blackout)

일시적인 의식상실

자녀친목 (al-ateen)

알코올중독자들로부터 피해를 받고 있는 자녀들의 모임

중독(addiction)

약물의 독성에 치어서 기증장애를 일으키는 것, 술을 계속해서 마셔야만 하는 상태

진전섬망 (delirium tremens)

술을 마시던 사람이 술의 양이 감소하거나 정지했을 때 나타나는 혼동상태로 안절부절못하는 행동, 생생한 환각, 망상, 손 떨림, 진땀, 빈맥과 같은 증상이 나타나는 것

토혈(hematemesis)

피를 토하는 것

해독치료(detoxification)

독성을 풀어 없애는 치료

황달(jaundice)

간의 손상으로 인한 부차증상으로 쓸개즙의 색소가 혈액에 이행함으로써 생기는 병으로 살갗과 눈동자 소변이 누른 빛으로 변함

DSM-IV (1994) : Diagnostic and Stastical Mannual of Mental Disorder(정신장애의 진단 및 통계 편람)

ICD-10(1992) : International Classification of Disease(국제질병분류)

부록2   관련 척도와 서식

서식1.

INTAKE SHEET

- 입원동기
- 마지막으로 술 마신 시기
- 주된 문제점
- 과거력
  외래치료
  입원치료
  단주교육 받은 적이 있으십니까?
- 음주패턴
  음주량   /1일,   주종-   ,   해장술-
  식사량
  여럿이 술을 마시는가? 혼자서 마시는가?
- 개인력
  첫 음주 시기
  문제라고 느낀 시기
- 주로 언제 술을 마시는가?
- 술을 마시면 어떤 행동상의 변화를 보이는가
- 술을 마시는 것이 인격장애 혹은 다른 정신장애의 후유증인지
- 단주를 해본 경험이 있나요?

언제   어느 정도

어떻게

- 가족력

  가족 중 알코올 문제가 있었던 분은?

  가족들의 병식은

- 금단증상

- 자신에게 술이 문제라고 느끼십니까?

  느낀다면?

  느끼지 않는다면?

- 술을 끊기를 원하십니까?

＊출처 : 한림대학교성심병원 사회복지과

척도 1.

한국형 알코올중독 자가진단(NAST)

최근 6개월 동안 당신의 생활에서 해당되는 사항에 ○표 하시오. 아래 중 4가지 이상이 해당되면 알코올중독의 가능성이 높으므로 전문가와 상의하여야 한다.

1. 자기연민에 잘 빠지며 술로 이를 해결하려 한다.
2. 혼자 술 마시는 것을 좋아한다.
3. 술 마신 다음날 해장술을 마신다.
4. 취기가 오르면 술을 계속 마시고 싶은 생각이 지배적이다.
5. 술을 마시고 싶은 충동이 일어나면 거의 참을 수 없다.
6. 최근에 취중의 일을 기억하지 못하는 경우가 있다(2회/6개월).
7. 대인관계나 사회생활에 술이 해로웠다고 느낀다.
8. 술로 인해 직업기능에 상당한 손상이 있다.
9. 술로 인해 배우자가 나를 떠났거나 떠난다고 위협한다.
10. 술이 깨면 진땀, 손 떨림, 불안이나 좌절 혹은 불면을 경험한다.
11. 술이 깨면서 공포나 몸이 심하게 떨리는 것을 경험하거나 혹은 헛것을 보거나 헛소리를 들은 적이 있다.
12. 술로 인해 생긴 문제로 치료받은 적이 있다.

1개 이상이면 알코올남용 가능성을 의심해 보아야 한다. 4개 이상이면 알코올의존 가능성을 생각해 보아야 한다. 특히, 10번과 11번 문항이 해당될 경우에는 진단시 심각하게 고려해야 한다.

＊출처 : 김경빈 외(1991), "한국형 알코올중독 선별검사 제작을 위한 예비적 연구(III) - 국립서울정신병원 알코올중독 선별검사(I)", 신경정신의학 30(3).

척도 2.

AUDIT

질문	0점	1점	2점	3점	4점
1. 얼마나 자주 술을 마십니까?	전혀 안 마심 ( )	월1회 미만 ( )	월2-4회 ( )	주2-3회 ( )	주4회 ( )
2. 술을 마시면 한 번에 몇 잔 정도 마십니까?(10잔 이상이면 5점으로 처리한다)	전혀 안 마심 ( )	소주 1-2잔 ( )	소주 3-4잔 ( )	소주 5-6잔 ( )	소주 7-9잔 ( )
3. 한 번에 소주 한 병 또는 맥주 4병 이상 마시는 경우는 얼마나 자주 있습니까?	없음 ( )	월1회 미만 ( )	월1회 ( )	주1회 ( )	거의 매일 ( )
4. 지난 일 년간 한 번 술을 마시기 시작하면 멈출 수가 없었던 때가 얼마나 자주 있었습니까?	없음 ( )	월1회 미만 ( )	월1회 ( )	주1회 ( )	거의 매일 ( )
5. 지난 일 년간 평소 같으면 할 수 있던 일을 음주 때문에 실패한 적이 얼마나 자주 있었습니까?	없음 ( )	월1회 미만 ( )	월1회 ( )	주1회 ( )	거의 매일 ( )
6. 지난 일 년간 술을 마신 다음날 일나가기 위해 해장술이 필요했던 적은 얼마나 자주 있었습니까?	없음 ( )	월1회 미만 ( )	월1회 ( )	주1회 ( )	거의 매일 ( )
7. 지난 일 년간 음주 후에 죄책감이 든 적이 얼마나 자주 있었습니까?	없음 ( )	월1회 미만 ( )	월1회 ( )	주1회 ( )	거의 매일 ( )
8. 지난 일 년간 음주 때문에 전날 밤에 있었던 일이 기억나지 않았던 적이 얼마나 자주 있었습니까?	없음 ( )	월1회 미만 ( )	월1회 ( )	주1회 ( )	거의 매일 ( )
9. 음주로 인해 자신이나 다른 사람이 다친 적이 있습니까?	전혀 없음 ( )	-	있었지만 지난 1년간은 없었다 ( )	-	지난 1년간 있었다 ( )

질문	0점	1점	2점	3점	4점
10. 가족이나 친척, 친구가 당신이 술을 마시는 것을 걱정하거나 당신에게 술 끊기를 권유한 적이 있습니까?	전혀 없음 ( )	-	있었지만 지난 1년간은 없었다 ( )	-	지난1년간 있었다 ( )
점 수 누 계	( )	( )	( )	( )	( )
총 점 수			( )		

평가 기준 (점수 기준)

12점 이상 : 상습적 과음자로 주의가 필요하다.

20점 이상 : 문제음주자로 전문가와의 상담이 필요합니다.

25점 이상 : 알코올 중독자로 정신과 치료가 필요하다.

＊출처 : 이병욱, 이충헌, 최문종, 남궁기(2000), "한국어판 알코올사용장애 진단검사 개발 ; 신뢰도 및 타당도 검사", 중독정신의학 제4권 2호.

척도 3.

SMAST(Short Michigan Alcoholism Screening Test)

1. 자신을 정상음주자라고 생각하십니까?
2. 배우자나 다른 친지들이 당신의 음주에 대하여 걱정이나 불평을 한 일이 있습니까?
3. 음주에 대하여 죄의식을 느낍니까?
4. 친구나 친지들이 당신을 정상음주자라고 생각하고 있습니까?
5. 원할 때면 언제라도 음주를 중단할 수 있습니까?
6. 단주친목에 나가본 일이 있습니까?
7. 당신의 음주 때문에 배우자나 혹은 부모, 친구들과 당신 사이에 문제가 생겼던 일이 있습니까?
8. 음주 때문에 직장에서 문제가 생긴 일이 있습니까?
9. 음주 때문에 한 번에 이틀 이상 직장을 빠지거나 가정에서의 의무를 게을리 한 적이 있습니까?
10. 음주 때문에 다른 사람의 도움을 받으러 간 일이 있습니까?
11. 음주 때문에 병원에 입원한 일이 있습니까?
12. 음주운전으로 체포된 일이 있습니까?
13. 음주로 인한 행동 때문에 단 몇 시간이고 체포된 일이 있습니까?

평가 기준   (예라고 응답한 문항 수)

5개 이상   알코올 중독자

3-4개   알코올중독 가능

2개 이하   정상음주자

* 출처 : 장환일, 전진숙(1985), "한국에서 Michigan 주정의존 선별검사 적용에 대한 예비조사", 신경정신의학 24, pp. 46~56.

척도 4.

CAGE

알코올중독증을 선별하는 검사들 중 가장 간편한 CAGE 검사법이 있다.

1. 당신을 술을 끊어야겠다고 생각한 적이 있습니까?(Cut down)
2. 음주로 인하여 주위 사람들이 당신을 비난하여 괴로웠던 적이 있습니까?(Annoy)
3. 음주문제로 인하여 죄책감을 느낀 적이 있습니까?(Guilty)
4. 당신은 숙취를 없애기 위해서 해장술을 마신 적이 있습니까?(Eye-opener)

위의 질문 중에서 2개 이상 '네' 라고 대답하면 알코올중독일 가능성이 높다.

＊출처 : Mayfield D, Mcleod G, Hall P. The CAGE Questionnaire(1974) : "Validation of a new alcoholism screening instrument", Am J of Psychiatry 131, PP.1121~1123.

척도 5.

IDS - 42(The Inventory of Drinking Situations)

　　IDS는 알코올중독자의 재발을 예방하기 위해 각 개인의 높은 위험 상황을 식별해 낼 수 있는 100문항으로 이루어진 도구이다. 다음은 윤명숙(2000, 알코올중독자 실태조사 및 재활모형개발에 과한 연구, 보건복지부)이 알코올중독자들의 음주 위험상황을 측정하기 위해서 Annis(1982)가 개발한 것을 번안하여 사용한 것이다.

　　다음 문항들을 잘 읽으시고 지난 1년 동안 귀하에게 해당되는 부분에 Ｖ표하십시오.

문 항	나는절대로 술을 마시지않았다. 0점	나는 드물게 술을 마셨다. 1점	나는 자주 술을 마셨다. 2점	나는 거의 언제나 술을 마셨다. 3점
1. 나 자신에게 실망했을 때				
2. 일이 잘 되지 않을까 두려웠을 때				
3. 어떤 일의 결과에 대해 화가 났을 때				
4. 내가 무엇을 해야만 하는지 혼란스러웠을 때				
5. 잠을 이루기 어려웠을 때 (수면에 어려움이 있었을 때)				
6. 몸이 나른해져서 깨어나고 싶었을 때				
7. 구역질이 났을 때				

문 항	나는절대로 술을 마시지않았다. 0점	나는 드물게 술을 마셨다. 1점	나는 자주 술을 마셨다. 2점	나는 거의 언제나 술을 마셨다. 3점
8. 위장(속)이 뒤틀렸을 때				
9. 자신감을 느끼고 편안했을 때				
10. 모든 일이 잘 되어 갔을 때				
11. 내가 한 일에 대해 만족스럽다고 느낄 때				
12. 좋은 일이 생겨서 축하하고 싶었을 때				
13. 내가 새로운 사람이 되었고 몇 잔 정도는 마실 수 있다는 것을 확신했을 때				
14. 내가 과연 술을 조절할 수 있는지 의심쩍어 한 번 시험해 보고 싶었을 때				
15. 딱 한 잔 마시는 것은 아무런 해가 없다는 생각이 들기 시작했을 때				
16. 내가 취하지 않고 몇 잔 정도는 마실 수 있다는 것을 증명하고 싶었을 때				
17. 술의 짜릿하고 좋은 맛이 기억났을 때				
18. 술 파는 가게 앞을 지났을 때				

문 항	나는절대로 술을 마시지않았다. 0점	나는 드물게 술을 마셨다. 1점	나는 자주 술을 마셨다. 2점	나는 거의 언제나 술을 마셨다. 3점
19. 생각지도 않게 내가 좋아하는 술을 발견했을 때				
20. 갑자기 술 마시고 싶은 생각이 간절하게 났을 때				
21. 다른 사람이 나를 좋아하지 않는 것 같았을 때				
22. 다른 사람들이 내 계획에 간섭했을 때				
23. 다른 사람들이 나를 불공평하게 대했을 때				
24. 직장에서 동료들과 문제가 있었을 때				
25. 직장 상사의 요구로 압박감이 느껴졌을 때				
26. 직장에서 동료들과 잘 어울리지 못했을 때				
27. 사람들 앞에서 내가 불편하다고 느꼈을 때				
28. 누군가 나를 비판했을 때				
29. 내 주변에 있는 사람들이 나를 긴장하게 만들었을 때				

문 항	나는절대로 술을 마시지않았다. 0점	나는 드물게 술을 마셨다. 1점	나는 자주 술을 마셨다. 2점	나는 거의 언제나 술을 마셨다. 3점
30. 친구와 말다툼을 하게 되었을 때				
31. 집안에서 싸움이 일어났을 때				
32. 가족들로부터 많은 압력을 받았을 때				
33. 친구들과 함께 외출했다가 친구들이 술을 마시기 위해 술집에 갔을 때				
34. 잔치나 모임에서 다른 사람들이 술을 마시고 있었을 때				
35. 식당에서 함께 간 사람들이 술을 주문했을 때				
36. 친구를 만났는데 함께 술 마시자고 했을 때				
37. 좋아하는 친구와 긴장을 풀고 즐거운 시간을 보내길 원했을 때				
38. 친구들과 함께 시내에 가서 즐거움을 만끽하고 싶었을 때				
39. 친구와 함께 축하하기를 원했을 때				
40. 잔치나 모임에서 더 재미있게 즐기기를 원했을 때				

문 항	나는절대로 술을 마시지않았다. 0점	나 는 드물게 술을 마셨다. 1점	나 는 자주 술을 마셨다. 2점	나는 거의 언제나 술을 마셨다. 3점
41. 성적인 즐거움을 높이기 원했을 때				
42. 내가 좋아하는 사람과 더 친해지고 싶었을 때				
누계 점수				
총 점				

문제 지표

1- 33점 : 중간 위험 상황

34- 66점 : 높은 위험 상황

67-100점 : 매우 높은 위험 상황

*출처 : 윤명숙(2000), 『알코올중독자 실태조사 및 재활모형에 관한 연구』, 보건복지부.

부록3　　　　관련 프로그램

알코올중독자 가족건강캠프

2001년도 경기도사회복지공동모금회에서 지원 받아 실시한 알코올중독자 가족건강캠프(한림대학병원)에 대한 안내이다.

1. 목적

알코올중독자들의 치료는 단주이다. 단주 유지를 위해서는 가족의 지지도가 중요하기에 가족관계를 강화시켜 단주를 유지하도록 하는 것이 목적이다.

2. 일시 : 2001년 7월 23일 - 25일 2박3일

3. 참석자 : 알코올중독이라고 진단 받은 환자와 배우자 및 자녀

4. 프로그램 내용

- 강의 - 술이란?(내과 전문의), 알코올중독이란?(정신과 전문의), 알코올중독과 가족병(사회복지사)
- 집단 프로그램 - 부부인성 프로그램, relaxation, 의사소통 프로그램, 자녀집단상담
- 기타 레크리에이션 - 가족응집력을 발휘할 수 있는 것을 중심으로

5. 프로그램 일정

	1일차	2일차	3일차
7:30		일어나세요! (아침체조)	
8:00		맛있는~ 식사시간	
9:00		알코올중독 이해하기 (내과 강의 II)	*부부(가족병-강의III) *자녀 - 집단상담III
10:00		휴식시간	
11:00		*부부 - 몸풀기 시간 *자녀 - 집단상담II	골든벨 (알코올상식 알기)
12:00		점심식사	

	1일차	2일차	3일차
13:00	집합	우리 함께 대화를 나눠봐요! (의사소통 훈련)	소감문 작성
			짐정리
14:00	출발		폐영식
			출발
15:00			
	방배정		
16:00	개영식	휴식시간	
17:00	가족 소개 우리가족은요~!	경험담 나누기 (협심자와의 만남) 남편/배우자/ 자녀 따로	
18:00	배고프시죠? 즐거운~ 저녁시간		
19:00	*부부 (정신과강의 I) *자녀- 집단 상담 I	가족에게 선물주기 촛불의식	
20:00	나누기 마당		
21:00			
	취침준비		
22:00	취침		

부록4   유용한 정보

1. 알코올 사이버 상담과 관련 사이트

(1) 알코올재활상담센터

1. 한국음주문화연구센터

    서울시 마포구 염리동 170-11(주)중앙출판사 4층

    ☎ 02) 719-0393~4 / 7806-7, 719-8189, www.kodcar.or.kr

2. 까리따스

    서울시 송파구 잠실본동 188-1

    ☎ 02) 423-9004, www.cacc.or.kr

3. 천주의성요한수도회

    광주광역시 북구 유동 93-1

☎ 062)526-3370, 510-3374, www.kalcohol@johnofgod.or.kr

4. 광주인광 :

광주광역시 동구 금남로 5가 62-2 광주성은병원

☎ 062)222-5666 / 944-2526

5. 대전알코올상담센터

대전광역시 서구 월평2동 218번지 월평종합사회복지관

2층 ☎ 042) 484-2484

6. 이미형 알코올상담센터

경기도 수원시 권선구 세류3동 1075번지 2층

☎ 031) 232-9478~9/222-5228, www.kosacc.com

7. 대구카톨릭알코올상담센터

대구광역시 달서구 월성동 366번지 월성문화관內

☎ 053)638-3778,8778/ 638-8767, www.alcoholcenter.or.kr

8. 베데스타

경북 김천시 평화동245-153 김천신애병원

☎ 054)439-6010/439-6018, www.Bethesda.or.kr

9. 한림알코올센터

서울시 관악구 신림7동 665-1 신림종합사회복지관(직통)

☎02)851-1885, 851-1767~9(교환601, 523)

(2) 자조모임

AA(Alcoholics Anonymous - 익명의 알코올 중독자들)

　www.aakorea.co.kr

Al-Anon. Al-Ateen(알콜중독자의 가족모임. 자녀모임)

　www.alanon.pe.kr

(3) 기타

가나 병원 알코올 상담실 www.gana:lcohol.co.kr

건전 음주문화를 위한 시민의 모임 www.nodrink.co.kr

닥터 김의 술 이야기 www.my.netian.com/~psydr537

부천시 정신건강센터 www.my.dreamwiz.com/pc21alcohol

박준상-음주교실 www.net-in.co.kr/powhapki

인제대학교 음주연구소 www.iucas.com

양산병원, 알콜약물남용연구소 www.alcoholcenter.co.kr

알코올중독증과 회복의 방법 www.my.netian.com/ ~bellelee

알코올중독의 정확한 이해 www.my.netian.com/~air276

알코올중독 정보센터 www.neuropsychiatry.co.kr

알코올중독이란 무엇인가? www.wonjumed.yonsei.ac.kr/

　　class/psy/htm/02-05-g.htm

알콜과 회복 그리고 자유 www.missiodei.co.kr

케어캠프 www.carecamp.com

하우투캐어 www.how2care.co.kr

회정알코올 클리닉 (안양시 범계동) www.alcohol119.co.kr

ALCOHOLICS www.my.netian.com/~air276

2. 알코올중독치료 기관

3. 전국 A.A. 그룹 일람표

○공개 모임 / ●비공개모임

A.A. 한국연합단체

전화(02)774-3797, 팩스(02)774-3796

웹사이트: www.aakorea.co.kr

우편주소 : 서울중앙우체국 사서함 1415호 우)100-614

요일	시간	그룹명	장소	위치	연락처	비고
월	19:30	늘푸른	성남동 성당·분당선 모란역 4번 출구	성남	031-746-4211(김)	●
	19:30	강서	강서정신보건센터 내	등촌동	016-745-4866(박)	○
	19:00	화순포도넝쿨	화순고려병원 내	전남화순	011-622-7177(강)	○
	19:30	메아리	성북정신보건센터 2층	길음동	02-912-4941(최)	○
	15:00	밝은마음	국립서울정신병원 본관 지하매점 옆	중곡동	02-2204-0151(조)	●
	19:30	종로	종로 천주교회 301호	종로4가	016-317-5414(조)	○
	19:30	한마음	신당종합사회복지관 4층 어린이교실	약수동	019-204-8978(김)	○
	19:30	럭키	강동성심병원 지하1층 사회사업과	길1동	02-2224-2147(병원)	●
	19:30	새생명	부평성모자애병원 신관3층 임상실험실	부평6동	011-9763-9960(허)	●
	19:00	평촌	평촌한림대성심병원 지하1층 회의실	안양평촌	017-260-0017(이)	○
	19:00	진주	진주봉곡성당 별관실	봉곡동	055-743-5464(최)	○
	19:30	울산 반석	울산 중구 학성농협 사택	학성동	017-540-5418(장)	○
	19:30	부천	부천성가병원 성요셉관 5층	소사동	032-683-8777(장)	●
	20:00	부산 둥지	해운대 성당3-2 교리실	해운대	011-801-3014(오)	●
	20:00	부산 등대	서연 태화쇼핑 뒤 한남한의원 4층	서면	018-585-2916(김)	●
화	16:30	한길	영등포 요셉의원 4층 별실(옥상)	영등포역	019-377-6253(정)	○
	17:20	대구사랑방	달서구 대곡동 대곡성당 교리실	대곡동	053-354-4636(서)	○
	19:00	광주평온방	성요한병원 신경정신과 지하	유동	062-510-3370(병원)	○
	19:00	영천낙타	영신빌딩 3층 마야사회문화센터	금노동	054-337-9424(오)	○
	19:30	대전한빛	신탄진 한일병원	대화동	042-254-6085(김)	●
	19:30	겨자씨	서울 적십자병원 구내식당	서대분	02-2002-8114(병원)	●
	19:30	평온함	골롬반 회관 지하 (왕십리)	도선동	02-2292-7239(회관)	○
	19:30	정동	중구 정동제일교회 사회교육관 2층	정동	011-9780-8115(이)	○
	19:30	의정부 겨자씨	의정부1동 성당 1층 3호	의정부	031-845-1700(성당)	●
	19:30	청솔	분당제생병원 지하2층 자원봉사자실	분당	011-253-1746(이)	○ ●
	19:30	익산 한울타리	원광대 제2병원 신경정신과 내	동산동	016-639-9417(김)	○
	19:00	마산 새출발	마산 상남 성당	상남동	055-298-4553(전)	●
	20:00	부산 새길	중앙동 긴의진 정형외과 3층 305호	중앙동	051-291-7462(허)	●
수	19:00	대구 새마음	우리집 식당 건물 지하	대명8동	053-985-2289(심)	●
	19:30	부산 온천장	부산 나눔의 집 1층	온천장	011-877-3522(최)	●

요일	시간	그룹명	장소	위치	연락처	비고
수	19:00	대전 새희망	가톨릭문화회관 2층 회의실	대흥동	042-271-4732(김)	○
	19:30	온유함	광주 북구 오치동종합사회복지관 1층	오치동	011-616-6475(김)	○ ●
	15:00	소양 나누리	완주군 마음사랑병원 1층 회의실	소양면	016-624-8197(김)	○
	19:30	소망	만수1동 성당 지하 104호	만수1동	032-432-0786(정)	○
	19:30	상록수	일산구 보건소 3층 상담실	일산동	011-793-1966(신)	●
	19:30	열망	창동 천주교회 1층 중2 교리실	창동	018-248-5157(전)	●
	19:30	영등포	영등포 천주교회 주방 옆	영등포	019-204-4738(고)	○
	19:30	한울	양재동 천주교회 지하 B04호	양재동	016-342-2781(이)	●
목	11:00	부천	부천성가병원 성요셉관 5층	소사동	032-683-8777(장)	○
	14:00	새 싹	경기도 광주 세브란스정신병원 회의실	경기광주	031-761-1890(병원)	○
	19:00	화순 포도넝쿨	화순 고려병원 내	전남화순		●
	15:00	밝은 마음	국립서울정신병원 본관 지하매점 옆	중곡동	02-2204-0151(조)	○
	18:30	새 삶	구미 금오종합사회복지관 2층 프로그램1실	도량1동	054-974-1874(김)	●
	19:00	광주 평온함	성요한병원 신경정신과 지하	유동	062-510-3370~2(병원)	●
	19:00	동해	묵호천주교회 대건교육관	동해시	016-370-4767(이)	○
	19:30	수원	수원 화서성당 교육관 201호	화서동	019-280-5614(차)	●
	19:30	메아리	성북정신보건센터 2층	길음동	02-912-4941(최)	○
	19:30	시청	서울대한성공회성당 113호	시청옆	016-289-0452(심)	○
	19:30	전주 나누리	전주정신보건센터 내	효자동	018-612-7032(박)	●
	19:30	고마움	상계동 천주교회 문화관 204호	상계동	02-903-7120(박)	●
	19:30	새생명	부평성모자애병원 신관3층 임상실험실	부평6동	011-9763-9960(허)	○
	19:30	럭키	강동성심병원 지하1층 사회사업과	길1동	02-2224-2147(병원)	○
	19:30	영일만무지개	포항의료원 본관 1층 알코올센터	용흥1동	016-805-8988(김)	○
	19:30	울산 반석	울산 중구 학성 농협 사택	학성동	017-540-5418(장)	○
	19:30	한마음	신당종합사회복지관 4층 어린이 교실	약수동	019-204-8978(김)	●
	20:00	부산 등대	서면 태화쇼핑 뒤 한남한의원 4층	서면	018-585-2916(김)	●
	20:00	시브로	속초시 진영병원 회의실	속초	016-349-0250(이)	● ○

요일	시간	그룹명	장소	위치	연락처	비고
금	13:00	인천 새마음	인천은혜신경정신병원 1층 휴게실	심곡동	032-466-4493(최)	○
	16:00	강 릉	강릉시 교동 적십자봉사관 2층	교동	016-370-4767(이)	○ ●
	19:00	평 촌	한림대 성심병원 지하1층 회의실	안양평촌	017-260-0017(이)	●
	19:30	늘푸른	성남동성당·분당선 모란역4번 출구	성남	031-746-4211(김)	○ ●
	20:00	새출발	마산 상남 성당	상남동	055-298-4553(전)	●
	19:30	한길	영등포 요셉의원 4층별실(옥상)	영등포	019-377-6253(정)	○
	19:30	겨자씨	서울 적십자병원 구내식당	서대문	02-2002-8114(병원)	○
	19:30	의정부 겨자씨	의정부 1층 성당 1층 3호	의정부	031-845-1700(성당)	○
	19:30	인천 간석동	간석 2동 성당 1교리실	간석동	032-428-8046(강)	○
	20:00	부산 둥지	해운대 성당 3-2교리실	해운대	011-801-3014(오)	●
	20:00	부산 새길	중앙동 김의진 정형외과 3층 305호	중앙동	051-291-7462(허)	●
토	15:00	첫 마음	명동성당 범우관 611호	명동	02-774-3797(사무실)	○ ●
	16:00	상 록 수	일산구 보건소 3층 상담실	일산동	011-793-1966(신)	○
	19:00	광주 평온함	성요한병원 신경정신과 지하	유동	062-510-3370-2(병원)	●
	19:00	김 포	김포성당 지하 1층	김포시	019-337-6253(정)	○
	19:30	고 마 음	상계동 천주교회 문화관 204호	상계동	02-930-7120(박)	○
	19:30	부산 온천장	부산 나눔의 집 1층	온천장	011-877-3522(최)	○
	19:30	소 망	만수 1동 성당 지하 104호	만수1동	032-427-9415(전)	●
	20:00	부산 등대	서면	서면	018-585-2916(김)	○
일	14:00	명 상	정윤철 의원	방배동	02-586-0731(의원)	●
	15:00	평온함	골롬반회관 지하(왕십리)	도선동	02-2292-7239(회관)	○
	19:30	전주 나누리	전주 정신건강복지센터	효자동	018-612-7032(박)	○
	17:00	한 울	양재동 천주교회 지하B04호	양재동	016-342-2781(이)	○
	18:00	대구 새마음	우리집 식당 건물 지하	대명8동	053-985-2289(심)	○
	19:30	교본 연구	반포성당 지하 만남의 방	반포	02-599-0574(성당)	●
	19:30	열 망	창동 천주교회 1층 중2 교리실	창동	018-248-5157(전)	○

모임안내

월 13:15 이천모임(성안드레아 병원)
19:00 광주모임(전남 광주시립병원)
19:30 일산 대화동모임(일산 백병원 지하 3층 제2회의실)

화 19:00 순천모임(전남 순천 가롤로병원 9층 신경정신과 내, 광양고
갯길)
18:00 대구겨자씨 모임(월성동 월성문화관 102호)
19:30 인천 구월동 모임(인천 구월동 중앙 길병원 안이비인후과
별관)
19:30 천안모임(쌍용동 극동아파트 1동 306호)
19:30 양산모임(경남 양산경찰서 뒤편 소망의원)

수 19:00 나주모임(국립나주정신병원 알코올병동)
19:30 구리모임(구리천주교회 평화의 집)

목 19:00 순천모임(전남 순천 가롤로병원 9층 신경정신과 내, 광양고
갯길)

금 19:30 문경모임(문경성당)
19:30 같은마음모임(길음동 구민병원 내)
19:30 양산모임(경남 양산경찰서 뒤편 소망의원)

토 19:00 순천모임(전남 순천 가톨로병원 9층 신경정신과 내, 광양고
갯길)
15:00 대전모임(법동 중앙병원 강당)
17:00 우리모임(잠실종합사회복지관)

일 17:30 구리모임(구리천주교회 평화의 집)
19:00 목포모임(산정동 성 골롬반 수녀원)

4. 가족친목(Al-Anon)/자녀친목(Al-Ateen) 모임

(1) Al-Anon

1지역 대표 : Mrs. 노 (031)714-9428

요일	시간	그룹	장소	연락처
화요일	오후7:30	잠실그룹	잠실종합사회복지관	02)423-5418 Mrs.남
수요일	오후7:30	양재그룹	양재성당 지하교리실	031)714-9428 Mrs.노
목요일	오전10:30	성남그룹	수진동 성당내	031)758-1415 Mrs.복
목요일	오전11:00	광장그룹	광장복지관	02)452-0929 Mrs.김
일요일	오후5:00	양재그룹	양재성당 지하교리실	031)705-7751 Mrs.장

1지역 모임 : 2개월마다 마지막 토요일 2시 / 장소 : 카리티스 수녀원

2지역 대표 : Mrs. 박 (02)2249-3717

요일	시간	그룹	장소	연락처
화요일	오전 11:00	신당그룹	신당복지관	02)990-8193 Mrs.함
토요일	오후 4:00	신당 (기쁨그룹)	신당복지관	02)374-3459 Mrs.장
토요일	오후 4:00	신당 (성인자녀그룹)	신당복지관	019-405-9711 Miss최
일요일	오후 2:00	왕십리 (은총그룹)	왕십리 골롬반 지하	018-268-0691 Miss양
일요일	오후 3:00	청량리그룹	청량리 성바오 로 별관 5층	02)976-4364 Mrs.손

2지역 모임 : 짝수달 마지막 토요일 오후2시 / 장소 : 신당 종합사회복지관

3지역 대료 : Mrs. 김 (02)2602-0834, (HP)011-9774-8282

요일	시간	그룹	장소	연락처
월요일	오전 11:00	한밀그룹	강서구 한밀교화내	02)697-5420 Mrs. 정
월요일	오후 7:00	구로그룹	구로3동 성당 교육관내 제2교실	02)868-9379 Mrs. 신
수요일	오전 11:00	화곡그룹	화곡본당성당	02)2602-0834 Mrs. 김
수요일	오전 11:00	영등포그룹	진로상가 3층 늘사랑교화	02)687-4304 Mrs. 방
금요일	오후 3:30	강서그룹	강서구 보건소내 지하1층	02)2605-7633 Mrs. 안

3지역 모임 : 홀수달 마지막 수요일 오전 12시 / 장소 : 화곡성당

4지역 대표 : Mrs. 안 (02)926-7873

요일	시간	그룹	장소	연락처
월요일	오후 7:00	성북그룹	성북보건소내	02)926-7873 Mrs. 안
일요일	오후 7:30	상계(초연그룹)	상계동 성당내	02)936-6597 Mrs. 강
일요일	오후 7:30	창동그룹	창동성당	02)999-5120 Mrs. 조

4지역 모임 : 짝수달 둘째 일요일 오후 7시 30분 / 잔소 : 상계성당

5지역 대표 : Mrs. 한 (031)386-9095

요일	시간	그룹	장소	연락처
목요일	오후 2:00	강남 목요그룹	고속버스터미날 10층성당	
금요일	오후 2:00	강남 금요그룹	고속버스터미날 10층성당	02)3141-4005 Mrs. 배
일요일	오후 7:00	반포(지혜그룹)	반포지하성당	02)2607-7606 Mrs. 리

5지역모임 : 매달 마지막 일요일 오후6시 / 장소 : 반포성당

6지역 대표 : Mrs. 민 (031)-961-2553				
요일	시간	그룹	장소	연락처
월요일	오후 6:30	일산 희망그룹	일산보건소 지하	031)966-2238 011-9000-3494 Mrs. 리
목요일	오전 11:00	김포그룹	김포성당내	031)984-0657 Mrs. 리
토요일	오전 11:00	녹번그룹	녹번YMCA회관	02)386-4855 Mrs. 리

6지역 모임 : 짝수달 첫째 토요일 오전 12시 / 장소 : 녹번모임

7지역 대표 : Mrs. 김 (032)819-7703, (H.P)011-9065-3027				
요일	시간	그룹	장소	연락처
화요일	오전 11:00	인천화요그룹	인천중구정신 보건센타	032)833-7425 Mrs. 홍
화요일	오후 8:00	부천새가정그룹	부천성가병원 성요셉관 5층	032)651-3069 Mrs. 안
수요일	오후 7:30	인천 수요그룹	만수1동 성당 내	032)461-5527 Mrs. 박
목요일	오전 11:00	부천새가정그룹	부천성가병원 성요셉관 5층	032)346-3459 011-752-3459 Mrs. 리
금요일	오전 11:30	평촌그룹	회정의원 4층 상담실	02)585-0569 Mrs. 박
토요일	오후 7:30	인천토요그룹	만수1동 성당 내	032)461-5527 Mrs. 박
일요일	오후 3:00	성인자녀그룹	부천성가병원 성요셉관 5층	032)811-6910 Mrs. 김

7지역 모임 : 짝수달 첫째 토요일 12시 / 장소 : 부천성가병원 성요셉관 5층

8지역 대표 : Mrs.강 062-386-0869				
요일	시간	그룹	장소	연락처
화요일	오후 7:00	광주화요그룹	성 요한병원	062)-368-0869 Mrs.강
목요일	오후 2:00	순천그룹	성 가롤로병원 2층 봉사자실	061)743-7968 016-604-7968 Mrs.리

8지역 모임 : 짝수달 마지막 화요일 오후 6시 / 장소 : 요한병원

9지역 대표 : Mrs.김 (051)819-1118				
요일	시간	그룹	장소	연락처
화요일	오후 7:30	부산 화요그룹	서면태화쇼핑 뒤 중앙부레쉬옆A.A옥상	051)819-1118 Mrs.강
토요일	오후 2:00	부산 토요그룹	중앙동	051)363-6090 Mrs.정

9지역 모임 : 짝수달 셋째 화요일 오후 7시 30분 / 장소 : 서면

10지역 대표 : Mrs.리 (041)841-3333				
요일	시간	그룹	장소	연락처
화요일	오후 7:00	천안그룹	천안시 쌍용동	041)571-5715 Mrs.김
목요일 (둘째, 넷째)	오후 2:00	대전그룹	서구 정신보건센터	041)673-9579 Mrs.문
목요일	오후 7:30	청주그룹	우리들의원	043)262-3022 Mrs.홍
금요일 (첫째, 셋째)	오후 2:00	공주그룹	계룡면 양화공동체	041)852-7009 Mrs.하
토요일	오전 11:00	천안그룹	천안보건소 식당내	041)554-5958 Mrs.오

10지역 모임 : 3개월마다 모임시간 1시간전 / 장소 : 순번제

11지역 대표 : Mrs.윤 (054)634-5065, (H,P)011-527-7717				
요일	시간	그룹	장소	연락처
목요일 (둘째,넷째)	오후 2:00	문경구룹	문경읍 도서관	054)634-5065 Mrs.윤
목요일 (첫째, 셋째)	오후 2:00	점촌그룹	점촌 여성회관	054)553-2579 Mrs.홍
11지역 모임 : 매달 둘째 목요일 오후 2시 / 장소 : 문경도서관				

12지역 대표				
요일	시간	그룹	장소	연락처
월요일	오후 2:00	속초그룹	만민교회내	033)632-4850 Mrs.정
일요일	오후 3:00	구리평내그룹	구리 평화의집	031)575-0126 Mrs.전
12지역 모임 :				

(2) Al-Ateen

요일	시간	그룹	장소	연락처
일요일	오후 7:00	알라틴 그룹	상계성당내	02)973-1826 Mrs.정

＊ 한국 Al-Anon 연합회의 : 3월, 9월 둘째 토요일 오후 2시
＊ 한국 Al-Ateen 컨벤션 : 매년 5월

부록5   **Q & A**

사회복지사가 알코올중독 환자 및 가족을 대할 때면 항상 비슷비슷한 질문들을 받게 된다. 이는 궁극적으로는 질병에 대한 이해부족에서 오는 결과로, 환자가 정말로 궁금하고 도움을 받고 싶어하는 마음을 갖고 있기 때문일 것이다. 그러나 사회복지사가 특히 고려해야 할 부분은 알코올중독 환자는 부정이라는 증상을 동반한 채 자신의 문제에 대해서 빠져나갈 방법을 모색하고 싶은 마음을 가지거나 또는 질문을 호되게 하여 치료자를 궁지에 몰아넣어 혼란을 일으키고 싶은 부정적인 마음을 가질 수 있다는 것을 잘 이해하고 있어야 한다는 것이다. 어떠한 측면에서건 건강한 치료적 관계를 형성하기 위해서는 명확한 설명이 요구되므로 다음에서의 제시되는 개입시에 부딪히는 문제점들에 대해서 함께 논의하는 것은 의미가 있다고 할 수 있다.

1. 일반적인 궁금증

Q: 술을 매일(많이) 마신다고 알코올중독이 되나?

A: 술을 자주 많이 마시는 사람은 알코올중독에 노출될 확률이 높은 것은 사실이지만 이러한 사람 모두가 알코올중독이라는 질병에 걸리는 것은 아니다. 알코올중독인가 아닌가를 볼 수 있는 가장 흔한 방법은 매일 마셔도 술을 조절해서 마실 수 있는가 없는가에 달려있다. 즉 술을 조절해서 마실 수 있는 조절능력이 상실된 사람들을 일컬어 알코올중독이라고 한다.

Q: 알코올중독 치료가 되나?

A: 치료가 가능한 질병이다. 단지 완치가 불가능한 질병이다. 완치란 술을 다시 마실 수 있게 만드는 것인데 아직까지는 그러한 치료 방법은 없다. 술을 마시지 않고 술로 인해 변화된 사고방식이나 생활양상을 바꾸어만 주

면 얼마든지 정상적인 생활이 가능하다.

Q: 환자를 입원시키려는데 어떻게 해야하나?

A: 대개의 정신과 환자들은 자신이 정신질환을 앓고 있다는 사실은 인정하지 않는다. 이것을 정신과 용어로는 '병식 insight (病識:병에 대한 인식)이 없다'고 표현한다. 특히 알코올중독 환자에게서는 너무나도 빈번히 나타나고 "내가 왜 가느냐, 나를 정신병자로 모는 거냐?"며 강하게 반발한다. 이때 어떻게든 환자를 병원으로 데려가기 위해 가족들이 거짓말을 하는 경우가 있는데 좋은 방법이라고 할 수 없다. 환자를 설득해서 스스로 정신과를 찾도록 하는 것이 가장 좋다. 섣불리 정신병이라든가 비정상이라든가 단정지어 얘기하지 말고 '문제'라고 표현하고 술 마시는 문제가 환자만의 문제가 아니라 가족 전체의 문제이며, 가족 내에서 자체적으로 이 문제를 해결하기 어려우니까 전문가에게 상의해 보자고 하는 것이다. 이러한 설득에도 완강히 병원에 가기를 거부하는 경우가 물론 더 많이 있다할지라도 이러한 과정은 환자나 가족에게 있어 중요한 신뢰가 형성되므로 반드시 거쳐야 한다. 그러한 이후에도 설득 자체가 불가능할 만큼

환자가 혼란한 상태이거나 흥분되어 있을 때에는 환자의 의지와는 관계없이, 강제로 병원에 데려오는 수밖에 없다.

Q: 치료는 어떻게 하고 있나?

A: 구체적인 치료 방법들은 앞장에서 소개하였고 치료에 앞서 '다각적 치료 접근법'이라는 개념에 대한 이해를 돕고자 한다. 이것은 어떤 특정한 치료방법에 얽매이지 않고 환자의 치료에 도움이 될 수 있는 모든 치료방법과 자원을 총동원하여 체계적으로 활용하려는 치료전략을 말한다. 사실 알코올중독의 치료는 다른 질병과는 달라서 한사람의 의사가 환자의 모든 문제를 다 해결해 줄 수도 없고, 어느 한가지 치료방법이 만능일 수도 없다. 알코올중독의 효과적인 치료를 위해서는 정신과의사를 포함하여 간호사, 사회복지사, 임상심리사, 그밖의 병원 직원들로 구성된 치료진, 그리고 환자자신, 환자가족, 나아가서는 행정당국이나 학교, 지역사회 구성원들까지 모두 치료자원으로 함께 참여하고 이용해야 한다. 치료진 내에서는 대개 정신과의사가 팀장이 되어 다른 치료진들과 함께 각 환자에 대한 치료전략 회의를 열고 치료

대상과 목표를 결정하며, 각각의 치료진에게 역할을 분담시키거나 공동으로 환자의 진단에서부터 궁극적으로는 사회복귀에 이르기까지 전 과정을 일관성 있게 도와주게 된다. 알코올중독은 감기나 배탈처럼 약 한번에 거뜬히 낫는 병이 아니다. 알코올중독을 치료할 수 있는 방법, 치료에 도움되는 방법들은 얼마든지 있지만 그것을 활용해서 실제로 도움을 얻는 것은 치료진과 환자, 그리고 가족들이 꾸준히 노력해야만 가능한 일이다.

Q: 입원하지 않고도 가능한 치료방법은 없는가?

A: 알코올중독 치료는 입원치료와 외래치료가 있다. 입원치료는 아직도 알코올중독 환자의 치료에 있어 매우 중요한 기능을 담당하고 있다. 입원치료의 기능은 환자의 보호, 진단, 치료의 기능이다. 보호기능은 술로 인해 심한 금단증상이 있거나 혼란상태에 있는 환자가 자해나 타해를 시도할 위험에서부터 보호해주는 것 이외에도 술로 인해 병적인 행동으로 인해 자신이 속한 사회에서 그동안 쌓아 올린 평판이 무너질 위험으로부터 보호, 식사나 위생관리를 하지 않음으로써 발생할 수 있는 질병 또는 부상의 위험으로부터의 보호도 포함된다. 진단기

능으로는 일반적인 면담을 통한 진단은 물론 뇌파검사, 혈액검사 등 여러 가지 의학적 검사를 통해 신체적 이상 유무를 확인하고, 심리검사를 통해 환자의 성격이나 지능, 현재의 심리적 문제점 등을 파악하는 것도 포함된다. 치료기능은 알코올중독 환자가 병실에 입원하는 그 시각부터 입원치료가 시작된다고 할 수 있다. 가장 기본적인 치료는 해독치료를 거쳐 약물치료와 집단정신치료 및 개인정신치료이며 이밖에도 가족상담 및 가족치료, 행동수정, 사이코드라마, 사회기술훈련, 인지행동치료 등등 치료자들은 환자의 상황이나 그 병원의 여건을 고려하여 치료방법들을 모색하고 집중적으로 실시한다. 외래치료는 이러한 과정을 거쳐 환자가 병에 대한 인식이 생긴 환자들이 외래치료를 실시하게 되는 경우가 있다. 또한 입원치료를 거치지 않고 본인 스스로 술 문제가 있다고 인식을 할 경우, 전문의를 찾아 환자 개개인에게 맞는 특정한 치료전략을 갖고 위에서 기술한 치료방법들을 외래에서 실시하면, 입원하지 않고도 얼마든지 치료가 가능하다.

Q: 치료기관은 어떤 곳이 좋을까?

A: 정신과 의료시설은 대학병원을 포함하는 종합병원의 정신과, 대형정신병원과 전문병원 그리고 개인 정신과의원으로 나눌 수 있다. 이 세 가지 의료기관은 각각 장단점을 가지고 있다. 정신과 질병이 거의 그렇듯이 알코올중독 또한 의사 한 사람이 고칠 수 있는 질병이 아니라는 점을 고려하여 좋은 치료기관을 선택하여야 한다. 그 의사와 함께 일하고 있는 사회복지사나 임상심리사, 간호사 등 의료인력이 풍부하고 자질을 갖춘 사람들인가를 먼저 고려하여야 한다. 더욱 중요한 것은 환자의 마음가짐, 치료 받고자하는 동기, 치료진과의 관계 등이다. 좋은 병원을 고르는 기준은 병원시설이다. 특히 병실을 보여주지 않으려는 병원, 환자를 두세 달 이상씩 입원시키고 특별한 이유 없이 퇴원을 미루는 병원, 입원시켜놓고 약주는 것 외에는 별다른 치료를 하지 않는 병원, 환자의 의사표현이나 활동을 가능한 억압하려는 병원 등은 좋은 병원이라고 할 수 없다. 특히 알코올중독이라는 질병은 환자의 증상치료뿐만 아니라 사회생활이나 인간관계에도 관심을 갖고 격려하는 치료진, 가족을 치료에 참여시키는 치료진, 자기 혼자 모든 것을 다하려하지 않

고 다른 치료진들과 공동으로 환자의 문제를 해결하려는 자세를 갖고 있는 의사가 있는 병원이라면 좋은 기관임에 틀림이 없다.

Q: 왜 정신과에 입원시켜야하나?

A: 흔히 알코올중독은 술도 먹는 음식이라 생각하여 신체적인 문제가 생길 것에만 두려워하여 정신과에 의뢰 및 입원권유를 받으면 환자뿐 아니라 가족 또한 당황해 한다. 알코올중독은 신체적, 정신적, 심리사회적, 행동적 그리고 가족 병리적인 증상을 가지고 있다. 내과적인 질환, 즉 신체적인 증상만을 갖는 질병이 아니라는 것이다. 여러 가지 복합적인 측면에서의 기능손상이 나타나기에 정신과에서 치료하는 것이다. 우선은 나름대로 가지고 있는 정신과와 알코올중독에 대한 편견을 버리고 여러 가지 복합적인 문제들을 해결하는 곳이 정신과이기에 문제를 하나하나씩 해결하겠다는 마음을 갖게 되면 내과가 아닌 정신과에 입원하는 것이 그리 큰 문제가 되지는 않을 것이다.

Q: 회복률은?

A: 알코올중독 환자 및 가족들은 어느 질병보다도 회복률에 관심이 많고 민감하다. 알코올중독 환자 치료에서의 회복이란, 단주를 유지하면서 술로 인해 변화된 성격과 생활패턴을 바꾸기만 한다면 그동안의 손상된 기능들이 정상적으로 돌아오는 것을 말한다. 예를 들어, 열 사람 중에서 한 사람만이 회복할 수 있다고 가정해 보자. 내가 열 사람 중에 그 한 사람이 되면 회복률은 100%인 것이다. 알코올중독은 치료, 즉 회복이 가능한 질병이다. 이는 치료를 적절히 받고 단주를 유지한다면 누구든지 회복이 가능한 질병이란 것을 의미한다. 알코올중독 환자가 6개월 이상 단주에 성공한 군과 실패한 군을 비교하여 단주에 영향을 주는 치료특성을 살펴본 한 연구는, 치료 프로그램에서의 충분한 치료를 통해 호전된 상태에서의 퇴원, 치료기간 보다는 퇴원까지 합의(치료자, 환자, 가족)에 의한 치료과정, A.A모임의 참석 등에서 유의미한 결과를 얻었다(천덕희,1997). 결국 알코올중독 환자의 치료에 있어 회복률이 중요한 것이라기보다는 적절한 효과적인 치료적 개입과 A.A모임을 통해 단주를 유지, 즉 정상적인 기능 회복을 유지시키는 노력이 더욱 중

요하다고 볼 수 있다.

2. 환자의 궁금증

Q: 조절해서 마실 수도 있지 않나?

A: 환자들은 끊임없이 알코올 조절에 대해 망상과도 같은
미련을 갖게 된다. 사교적인 음주에 대한 미련과 갈망인
것이다. 술에 대한 조절능력의 상실을 마치 다른 부분에
도 접목시켜 스스로에게 혼란을 가져오고 어린아이가
떼를 쓰듯 치료자와 조절에 대한 게임을 즐겨하기도 한
다. 또한 자신의 조절능력을 테스트하는 과정 속에 결국
재발로 이어진다. 치료자는 알코올중독 환자는 단지 술
에 대해서만 조절능력이 상실되었을 뿐, 다른 기능에서
의 조절능력은 지극히 정상적임을 확인시켜 주는 노력
을 끊임없이 하여야 하고 테스트하지 않도록 인식을 주
어야 한다.

Q: 의지만 있으면 되는 것 아닌가?

A: 알코올중독은 '의지가 있냐?', '의지가 없냐?'에 따라서
달라지는 질병이 아니라는 사실을 부인하고 싶어하는

것 또한 환자의 증상이다. 알코올중독 환자에게 필요한 의지란, 질병을 조정하려는 의지가 아니라 질병을 받아들이고 치료하고자 하는 의지가 필요한 것이다.

Q: 가족이 먼저 치료해야되는 것 아닌가?

A: 알코올중독 환자들은 자신의 알코올중독의 원인이 가족에서부터 문제가 발생되었다고 합리화하거나 투사하는 부정적인 방어기제를 사용한다. 그러한 과정에서 자신의 문제를 부인하기 위해 가족이 먼저 치료를 받아 환자인 자신에게 자극을 주지 않게 되면 자신의 술 문제는 저절로 해결되리라는 잘못된 믿음으로 종종 치료자와 실랑이를 한다. 물론 가족도 어떤 측면에서는 영향이 있고 치료받아야 할 문제들이 있는 경우도 많이 있다. 그러나 환자의 증상이 더 큰 부분이고 질병은 가족만이 변화된다고 좋아지는 것이 아니다. 따라서 알코올중독 질병 치료를 위해 환자의 가족을 문제와 문제의 원인, 그리고 환자의 치료에 참여시키는 것이 효과적인 치료전략이다.

Q: 내 의지가 중요하지, 치료모임에 계속적으로 다녀야 하나?

A: 흔히 환자들은 퇴원을 하게되면 질병이 없어진 것처럼

혼동할 때가 많다. 알코올 환자의 퇴원은 그 동안 술로 인해 나타났던 증상들을 해결한 것이지 병 자체가 없어진 것은 아니다. 이제부터는 질병이 재발하지 않도록 관리를 하여야 하는 것이다. 술을 다시 마시지 않고 생활을 하면서 부딪히는 문제들을 관리하여야 하고, 분명히 질병이기에 외래치료든 A.A모임이든 질병을 처리하는 방법들을 끊임없이 모색하고 적용하지 않으면 다시 입원의 악순환을 경험하게 된다. 결국, 의지라는 것은 앞서 설명했듯이 질병을 관리하려는 노력을 의미하는 것이므로 반드시 지속적인 치료를 받아야 한다.

Q : 내 발로(자의 입원) 입원했는데, 퇴원도 내 맘대로 할 수 있는 것이 아닌가?

A : 환자가 자의입원의 형태로 입원을 하면 치료도 자의에 맡기는 것처럼 스스로 편리하게 해석하여 혼동을 일으키게 된다. 알코올중독 환자의 입원형태가 어떠하든 치료는 치료진과 함께 환자의 특정한 한계까지 포함하여 치료전략을 세우는 것이다. 대부분의 환자가 강제입원의 형태로 입원을 하게 되는 것에 반하여 자의입원을 한 환자는 우월감으로 치료진이 자신을 다른 환자와 다르

게 대해 주기를 바라는 마음에서의 표현인 것이다. 환자를 충분히 존중하되 치료과정에 대해서는 명확한 인식을 주어야 한다.

Q: 알코올중독, 숨길 것인가 알릴 것인가?

A: 질병을 가진 많은 환자가 그렇듯 질병은 알려야 할 때가 있고 알리지 말아야 할 때가 있다. 알코올중독 환자도 마찬가지라고 생각하면 별 문제가 없겠지만 이 질병은 여러 가지의 사회적인 편견과 정신과에 대한 몰이해로 환자뿐 아니라 가족들도 수치심과 죄책감을 많이 느끼는 질병이다. 그 어느 누구도 질병에 걸리고 싶지는 않지만 어쩔 수 없이 걸린 질병에 대해 수용하고, 입원 치료과정 중에 수치심과 죄책감을 반드시 다루어주고 적절하게 대처하는 방법을 환자의 상황에 맞게 습득시켜야 한다.

3. 가족의 궁금증

Q: 원한을 갖게 될까봐 걱정되어 입원을 시킬 수가 없다. 어떻게 해야 하나?

A: 환자의 가족들이 환자가 원한을 갖게 될지도 모른다고

걱정하는 것은 아마도 알코올중독이 치료가 되질 않을 것이라는 잘못된 믿음을 갖고 '환자를 입원시켜야 하나?', '입원을 시키지 말고 환자의 말에 한 번 더 속아볼까?' 고민하는 경우에 흔하게 나타난다. 치료가 되지 않을 것이 당연하니까 어느 정도의 치료 기간을 거친 후에 퇴원하면 입원시킨 자신을 비난할 것이라는 환자가족의 무의식적인 해석들이 알코올중독 환자의 치료혜택을 저해하는 원인이 된다. 이는 가족들조차 알코올중독을 질병이라고 받아들이지 못하고 공동의존 상태 속에서 악순환의 고리를 끊지 못하기 때문에 경험하는 증상들인 것이다. 의사의 진단을 믿고 질병이라고 받아들인다면 당연히 내 사랑하는 가족, 환자가 질병으로부터 해방되도록 도와주어야 하는 것이다. 가족 스스로 냉정한 사랑을 실천해야 한다. 즉 고민하지 말고 치료를 해야 하는 것이다.

Q : 기도원이나 요양원에 오랫동안 두면 나아지지 않을까?

A : 알코올중독 환자의 증상에 지칠 대로 지친 가족들은 기도원이나 요양원에 가서 잠시라도 환자와 격리되어 지내면서 가족의 안정을 찾으려하기도 한다. 그러나 이는

그야말로 잠시 문제를 회피한 것이지 치료적인 의미는 없는 것이다. 알코올중독의 치료는 기간에 의미가 있다기보다는 치료과정 중에 환자나 가족들이 질병을 올바르게 이해하고 문제를 해결하려고 함께 노력하는 가운데 환자의 증상이 호전되는 것이다.

Q: 환자가 퇴원요구를 계속합니다. 어떻게 해야하나?

A: 입원환자가 퇴원하고 싶어하는 욕구는 어떠한 질병을 가지고 있는 환자라도 마찬가지일 것이다. 알코올 환자에게 문제시되는 것은 치료 자체에 대한 협조가 잘 이루어지지 않은 채 치료진과의 협의가 아닌 환자 스스로 막무가내로 퇴원을 요구하게 되는 것을 가족이 도저히 감당하기 힘들다는 것이다. 질병에 대해 제대로 이해하고 환자가 퇴원요구를 하는 이유에 대해서 자세히 들어보면 자신의 증상을 부인하거나 합리화하고 있다는 것을 잘 알 수 있다. 그러나 반대의 경우는 환자의 말이 옳은 것처럼 가족 또한 혼란을 빚게 되어 퇴원으로 이어지는 경우가 종종 있다. 보통 다른 질병에 있어서는 환자의 퇴원요구가 있어도 당연히 치료진의 의견을 듣고 처방에 따르지만 정신과 질환 특히 알코올중독 환자 및 가족

은 질병이라기보다는 환자가 '이번에는 잘못했다고 여기니까', '굳은 의지를 보이니까' 가족이 믿고 따르면 좀 나아지지 않겠느냐고 오히려 치료자들을 설득하곤 한다. 가족들이 질병에 대한 몰이해는 환자의 정확한 질병 상태 파악의 판단을 저해할 뿐 아니라 환자의 치료기회마저 잃게 하여 환자를 더욱 심한 알코올중독자로 만든다. 치료진은 물론 가족 또한 환자의 증상이 호전될 수 있도록 도와주어야 할 책임과 의무가 있는 것이다. 알코올중독은 질병이므로 가족 자신들의 판단보다 의사의 처방을 믿고 따라야 하며 전문가와의 충분한 상의를 통하여 가족이 올바른 역할을 할 수 있도록 노력하여야만 한다.

Q : 환자의 감정적인 협박에 도저히 참을 수가 없다. 어떻게 해야 하나?

A : 알코올중독에 대한 병식이 없이 입원한 환자들은 대부분이 다른 사람에게 이끌려 강제 입원의 형식을 빌어 입원을 한다. 환자 본인이 강제 입원 당할 수밖에 없다는 사실을 도저히 인정하지 못하고 마치 다른 사람의 문제를 떠맡아 입원한 것처럼 억울해하고, 자신의 문제라기보다는 가족의 그 누군가에게 책임을 전가시키려 하는 투사

과정이 증상으로 나타난다. 이러한 상태에서의 환자는 마치 술 마실 때의 행동적 증상처럼 공격적이며 난폭한 언행을 할 뿐 아니라 이성적인 판단을 하지 못한다. 이를 마른 주정이라고 하는데, 즉 술을 마시지 않고도 술에 취한 상태에서의 심리사회적, 행동적 증상들이 나오게 되는 것이다. 이러한 과정은 입원하면서부터 치료를 마칠 때까지 약간의 변형된 양상을 띠기는 하지만 반복적으로 나타나기도 한다. 가족들이 주의해야 할 부분은 그 동안 집안에서 환자와 어떤 문제로든 지금처럼 갈등상황이 벌어졌을 때, 가족이 옳다고 생각하더라도 환자가 더 심하게 술을 마실까봐 환자의 의견에 따르곤 했다는 것이다. 이것이 공동의존의 시작이다. 지금 우리 가족이 해야 할 일은 공동의존의 고리를 끊는 것이다. 환자가 지금 술을 마시지 않았다고 하더라도 올바른 사고과정과 현실판단 능력이 당장 돌아오는 것은 아니다. 환자 스스로 본인의 술문제를 인정하고 단주를 유지하는 과정에서 증상이 호전되며 그에 따라 현실판단 능력들이 회복되어 가는 것이다. 결국 환자의 협박이나 불합리한 요구들은 치료과정 중에 나타나는 증상이므로 자극 받거나 증상을 숨기는 것보다 오히려 문제해결에 도움이 되는 계기로 생각할 수 있다. 따라서 한편으로는 환자의 증상이 호전되리라는 예견이 되기도 하는 것이다.

Q: 병원에서 환자의 모든 것을 다 치료를 해주는 것이 아닌가?

A: 환자가 병원에 입원하게 되면 가족들은 그제야 마음을 놓고 안도의 숨을 돌리게 된다. 이러한 가족들에게 '환자를 병원에 입원시킨 이유와 병실 생활하면서 나타나는 증상'에 대해 환자와 지금-여기(here & now)에 직면(confrontation) 시키는 작업은 결코 쉬운 일이 아니다. 가족개입(family session)을 실시하면 가족들은 힘겨워하고 병원에서 환자가 불합리하게 요구하는 바를 치료진들이 알아서 처리해 주기를 요구한다. 가족을 치료에 동참시키는 것은 알코올중독 환자 치료에 무엇보다도 중요하다. 왜냐하면 그 과정을 겪으면서 환자뿐 아니라 가족 또한 변화를 일으키고 성장할 수 있기 때문이다. 궁극적으로는 환자의 증상이 호전되어 감에 따라 그 동안 술로 인한 서로 간의 불신감, 죄책감, 대화의 단절 등을 치료진과 함께 여러 가지 방법을 통해 가족 또한 새로운 경험을 하고 함께 삶의 질을 높이는 데 있는 것이다.

4. 사회복지사의 궁금증

Q: 치료자의 자세

A: 기본적으로 가져야할 자세는 Felex P. Biestek의 개별사회사업의 7가지 원리를 중심으로 의료사회사업가와 환자와의 관계형성에 초점을 두는 것이다. 덧붙여 알코올중독 환자를 대하는 사회복지사들이 가져야 할 자세로, 환자의 증상과 맞물려 나타나는 양상에 있어서 고려해야 할 것들이 있다. 첫째, 환자에 대해서 알코올 문제를 가진 사람과의 대결이나 연민이 아니라 그 질병 자체에 대한 치료에만 관심을 갖도록 한다. 치료자에 대해서는 환자뿐 아니라 다른 치료자(알코올 문제를 다루지 않는)에 대해서 항상 이타적인 자세(altruistic attitude)로 임한다. 둘째, 환자에 대한 이해가 필요하다. 알코올중독 환자란, 마치 어린 시절에 쓰여진 각본(script)에 따라 '알코올중독'이라는 '게임(game)'을 하고 있는 사람과 같다는 것을 알아야 한다. 셋째, 치료자는 '치료자에게 배우는 것보다 환자 스스로 깨닫는 것만이 중요하다', '환자의 치료 중 1:1의 치료가 가장 중요하다', '치료기간 중에 일어나는 정화(catharsis), 병식(insight)만으로 충분히

치료가 가능하다'는 등의 그동안의 잘못된 알코올중독에 대한 편견을 버려야 한다. 치료자는 환자의 재발이나 부적응적 행동(maladaptive behavior)에 대해 화를 내는 등의 감정적 대응을 하지 말아야 하며 환자에 대해 자신만이 구원자라는 환상(rescuer fantasy)에 빠지지 말아야 한다. 또한 치료를 위해서라는 미명하에 환자에게 거짓말을 해서는 안 된다.

Q: 치료 프로그램 운영시 고려해야 할 점

A: 알코올중독치료에 있어 환자 개개인의 특성에 맞는 치료 못지않게 중요하게 다루어야 할 부분이 그룹역동이다. 알코올중독치료에서 개인면담보다 집단치료가 효과적이라는 보고는 조사된 연구결과와 마찬가지로 임상실무에서도 확실히 나타난다. 치료자가 아무리 당신이 알코올문제가 있고 치료받아야 할 분명한 이유가 있다고 설명을 해도 환자는 부정의 증상으로 인해 쉽게 받아들이지 못한다. 그러나 같은 문제를 지닌 다른 환자의 말에는 쉽게 동의되고 융화되는 특성이 있다는 것을 알코올 환자를 접하는 치료자들은 잘 알고 있다. 이러한 특성을 치료적으로 전환시키기 위해 그룹역동을 이용하는

것이다. 그룹 내에서 치료적인 동기가 있는 환자가 누구인지, 환자들 내에서 가장 설득력이 있는 환자는 누구인지, 불만스럽고 치료적인 저항을 보이는 환자가 누구인지, 치료자에게 아부하는 환자는 누구인지 등등 알코올 환자 그룹 내의 역할들을 알아내는 작업에 대해서는 팀웍을 통하여 충분한 토의가 이루어져 한다. 이러한 그룹 내 역동을 파악하여 환자 개개인에 대한 특성에 맞추어 집단치료시 직면을 하거나 지지하여 치료적으로 이끌 수 있다.

Q: 치료전략

A: 알코올중독 환자의 치료에 무엇보다도 중요한 것은 환자에게 자신의 문제를 직면(confrontation)시키는 것이다. 현재 환자의 신체적, 정신적, 사회적 문제가 술로 인해 생겼으며, 술을 마시는 것은 전적으로 자신의 책임이라는 점을 분명하게 직면시킨다. 개인면담시에는 이러한 사회복지사의 문제해결 개입이 환자의 합리화나 부정으로 인하여 용이하지 않기 때문에 집단치료를 이용하여 그룹역동을 통해 직면을 시키는 집단치료의 주치료자(main-therapist)로서의 역할이 필요하다. 또한 치료

프로그램을 통해서 환자 자신이 자신의 병을 치료할 수 있다는 생각을 심어주어야 한다. 즉 환자 자신의 건강과 환경에 대해 긍정적이고 희망적으로 느끼는 비현실적인 자기인식에서 알코올중독은 하나의 질병이며, 술에 대해 환자 자신은 무력한 존재라는 인식으로 바꾸어야 한다. 그 방법으로는 '알코올중독도 당뇨병이나 간염처럼 치료하지 않으면 치명적일 수 있다', '자신의 의지력만으로 치료는 불가능하다', '의지력(will power)으로 약물(chemical)이 신체에 미치는 영향을 조절할 수는 없다' 는 사실을 인식시키고 깨닫게 해주는 것이다.

Q: 가족 개입시

A: 대부분 알코올중독 환자를 치료하는 병원에서는 환자들의 개입에 있어서는 충실하면서 가족에 대한 접근을 소홀히 하는 경우가 많다. 알코올중독은 질환 자체가 가족병이므로 가족에 대한 접근이 환자 개입 못지 않게 중요하고 가족 또한 궁극적인 치료의 대상이 되기도 한다. 이러한 측면에서 가족의 문제들을 공감하고 지지하여 치료의 장으로 끌어들이는(engage) 노력들을 끊임없이 하여야 한다. 환자가 입원해서 해독치료 과정을 거치고

치료 프로그램에 참여하여 변화되는 과정, 퇴원계획과 사후지도 과정 등 일련의 치료 과정 속에서의 여러 가지 갈등 상황들을 환자와 치료팀은 물론 환자의 가족과도 공유하여 치료전략에 포함(involve)시키는 것이다.

Q: A.A 협심자와의 관계 및 A.A 모임에서의 역할

A: 병원과 협심자와의 관계는 알코올중독 환자를 치료하는데 있어서 불가분의 관계이다. 병원에서 환자의 증상을 다루고 퇴원을 시킨다고 병이 없어지는 것이 아니므로 퇴원이라는 것은 이제부터는 병의 치료(cure)가 아니라 관리(care) 차원으로 넘어가는 것이다. 이러한 병의 관리 측면에서 마치 릴레이 선수가 바톤을 다음 선수에게 넘겨주듯 A.A는 알코올중독 환자를 병원을 이어서 환자의 질병 관리를 함께 도와주는 '도우미' 라고 할 수 있다. 사회복지사 이러한 협심자에 대한 접근은 개개인이 단주생활을 하고 있는 것에 대한 진정한 존경심과 치료적 동맹관계라는 인식을 하여야 한다. 물론 회복되어 가는 알코올중독자의 한 사람이기는 하나 도와주는 사람이라고 해서 자원봉사자나 알코올중독 환자처럼 취급하여서는 절대로 안 된다. 또한 사회복지사는 A.A모임의 생성된

배경과 정신에 대해서 끊임없이 고민하고 이해하려고 노력하고 A.A에 대한 확신이 생길 수 있도록 자신을 먼저 보살피는 작업을 하여야 한다. 그러한 과정이 A.A모임 내에서 사회복지사로서 역할을 정립하게되는 근원이 된다. A.A모임 내에서 일어나는 것에 대한 비밀보장과 함께 치료자로서의 역할에서 자조모임에 대한 지지자의 역할로 변화시키고 병원의 관계자 즉, 의사는 물론 의료와 관계없는 행정직 직원들에게까지도 A.A모임을 알리고 A.A를 협조할 수 있도록 배려하여야 한다.

참고문헌

권구영(1998), "알코올중독자 가족의 결속력 및 적응력에 관한 연구-입원환자가족과 외래환자가족의 비교를 중심으로", 가톨릭대 사회복지대학원 석사학위논문.

김용석(2001), "약물남용 성인의 정신과적 증상과 관련 요인에 대한 연구", 한국정신보건사회사업학회지 제12집.

남궁기 · 천덕희 (1995), "전공의를 위한 Alcoholism의 이해" 연세대 의과대학 광주세브란스정신병원.

대한신경정신의학회(1997), 『신경정신과학』, 하나의학사.

민성길 외(1999), 『최신정신의학-제 4개정판』, 일조각.

성요한 알코올상담치료센터(1990), 『회복에 이르는 길』, 하나의학사.

에이 에이 연합단체 한국지부(1990), 『익명의 알콜중독자들』, A.A 연합단체 한국지부.

윤명숙(1991), "약물중독에 대한 기본적 이해", 제12차 대한의료사회사업가협회 Workshop.

윤명숙 · 천덕희 (2000), 『정신보건전문요원 수련교재』, 양서원.

이근후 · 박영숙(1990), 『사회적응을 위한 인간관계』, 하나의학사.

이근후 외 역(1995), 『정신장애의 진단 및 통계 편람 제 4판』, 하나의학사.

이정균(1998), "한국정신장애의 역학적 조사 연구 : 알코올중독의 유병률" 서울의대정신의학 제13권 1호.

장수미(1991), "알코올중독자 자녀의 자존감 고취를 위한 단기 집단치료 프로그램 효과에 관한 연구", 이화여대 사회사업학과 석사학위논문.

______(2001), "알코올중독과 다른 정신질환을 가진 이중장애의 특성과 개입", 한국정신보건사회사업학회 서울지부 9월 월례집담회.

정남운·박현주(2000), 『알코올중독』, 학지사.

천덕희(1998), "알코올중독자의 단주특성에 관한 연구" 이화여대 사회복지학과, 석사학위논문.

______(2000), "알코올중독 환자 가족에 대한 사회복지 실천" 한국정신보건사회사업학회 추계학회.

한광수(1999), 『단주를 위한 사회기술훈련』, 하나의학사.

Al-Anon Family Group(1989), Alateen-hope for chidlren of Alcoholics, Al-Anon Family Group Headquarters, Inc. p.6.

A. M. C. Starr(1989), "Recovery for the Alcoholic Family : Family

Systems Treatment Model", Social Casework Vol.70, No.6 p.348.

Brown S(1985), Treating The Alcoholic-A Developmental Model of Recovery, John Wiley & Sona, Inc.

G. W Inokur et. al.(1993), "Alcoholism in Manic Dpressive Patients", Journal of studies on Alcoholism. vol. 54.

Harold I. Kaplan, Benjamin J. Sadock, Jack A.Grebb(1998), "Synopsis of Psychiatry", 7th ed, Williams & Wilkins.

James G. barber(1994), Social Work with Addictions, New York University Press.

Jellinek EM(1960), The disease concept of alcoholism, College and University Press.

M. Beattie(1987), "Codependent No More", Hazelden, pp.29-30.

M. Beattie(1989), "Beyond Co-dependency", Hazelden, p.23.

M. Galanter & Kleber H.D(1995), Textbook of Substance abuse Treatment, The American Psychiatric Press, Inc.

Ronald K & Kathleen C et al.(1995), "Cognitive Behavioral Coping Skills Therapy Manual", National Institute on Alcohol and Alcoholism Project MATCH Monograph Series Vol. 3.

S. Wegscheider-Cruse(1989), "Another Chance : Hope and

Health for Alcoholic Family, Palo Alto", 2nd ed., Science and Behavior Book, pp.80-84.

Stephanie Brown(1995), "Treating Alcoholism, San Francisco", Jossey Bass Publishers.

T. Dent et al.(1995), "Do CAGE scores predict readiness to reduce alcohol consumption in medical inpatient", Alcohol & Alcoholism, vol. 30, No. 5.

T. R. Watkins (1997), Mental Health Services to Abusers, Mental Health Policy and Pratcice Today, Sage Publication.

찾아보기

ㄱ ㄴ

가족교육	123
가족병	92
강제입원	61
공동의존	49, 63, 93
권익체계	129
기분장애	46
냉담자형	52

ㄷ ㅁ ㅂ

단주교실	126
만성 단계	28
문제아	54
박해자형	50
부정	39
불안장애	47
비자발 교육	142

ㅅ

사회기술 훈련	82
순교자형	49
술친구적 유형	51
스크리닝	64
스트레스 대처훈련	83
심리사회적 사정	67
심리사회적 치료	77

ㅇ

알코올 집단치료	136
알코올관련장애	23
알코올남용	15, 24
알코올의존	15, 25
알코올중독	13
알코올중독 단기치료	117
알코올중독 환자 자녀들	52
알코올회복교실	144, 148
약물치료	76
음주 형태	28
인간관계 훈련	84
인격장애	44
입원	57

■ 감 수
윤명숙 전북대학교 사회복지학과 교수
남궁기 연세대학교 의과대학 정신과 교수

■ 지은이
천덕희 연세대학교의과대학 세브란스 정신건강병원 사회사업실
김은경 한림대학교 성심병원 사회사업과
서현희 전 아산정신병원 사회사업과
김성현 성안드레아 신경정신병원 사회사업과

알코올중독

1판 1쇄 인쇄 2002년 3월 21일
1판 1쇄 펴냄 2002년 3월 28일

지은이/ 천덕희 · 김은경 · 서현희 · 김성현
펴낸곳/ 나눔의집
펴낸이/박정희

주 소/서울시 관악구 신림1동 1631-19
전 화/02-839-7845 팩 스/02-839-7846

http://www.mynanum.com

가 격/10,000원
ISBN : 89-88662-71-7
        89-88662-74-1(세트)
※ 잘못된 책은 바꾸어 드립니다.